Klaus Jürgen Becker

NIE MEHR ÄRGERN

Verlag PETER ERD · München

3. Auflage 1989
Umschlaggestaltung: Franz Wöllzenmüller
Umschlagillustration und Zeichnungen: Panna Karin Winkel
Redaktionelle Bearbeitung: Ursula Fassbender
Copyright © Verlag PETER ERD, München 1988
Alle Rechte, auch die des auszugsweisen Nachdrucks,
der Übersetzung und jeglicher Wiedergabe, vorbehalten.
Printed in Austria
ISBN 3-8138-0116-0

Inhaltsverzeichnis

SOS-Wegweiser (zum Text)

SOS-Wegweiser (zu den Gleichnissen)

SOS-Wegweiser (zu den Übungen)

**Wer nicht an sich arbeitet,
an dem wird gearbeitet**

Danksagung

Bedingt durch den Zufall – den es ja nicht gibt – besuchte ich am
1. 11. 1984 ein Seminar bei dem Lebensberater und Seminarleiter
Prof. Kurt Tepperwein aus Bergisch Gladbach bei Köln. Diese Begegnung war für mich der Beginn eines neuen Lebens. Ich erkannte, daß
Glück »lernbar« ist und daß man vom Leben mehr geboten bekommt,
als kreischend herumgestoßen zu werden und auf seine Pensionie-
rung zu warten. In tiefer Dankbarkeit widme ich dieses Buch Herrn
Prof. Kurt Tepperwein, einem Meilenstein auf dem Weg zum »Urlaub für immer«.

In dem Zusammenhang möchte ich mich auch bei Ursula Fassbender
für ihre professionelle redaktionelle Mitarbeit und bei Panna Karin
Winkel für ihre liebevollen Zeichnungen herzlich bedanken.

München, im März 1988   Klaus Jürgen Becker

Gleichnis 01:
Selbsterfahrung

Ein Hund und ein Affe treffen sich auf einem Schiff. Der Hund schlägt dem Affen ein neues Spiel vor: »Wir spielen Verstecken. Du stellst dich mit dem Gesicht zur Wand, zählst bis 10 und suchst mich dann.« Gesagt – getan. Bei 9 gibt es einen großen Knall und das Schiff explodiert. Der Affe schwimmt im Meer und sieht auf einem Balken, der im Wasser treibt, den Hund sitzen. Er rettet sich zu ihm und sagt: »Blödes Spiel!«

Viele Menschen spielen verstecken – mit sich selbst. Wenn du findest, das Leben sei ein »blödes Spiel«, ist es höchste Zeit, dieses Buch zu lesen.

16

Der Mensch ist zum Leben geboren, nicht zur Vorbereitung auf das Leben

Darf ich mich vorstellen?

Ich bin dein Buch. Ich bin ein besonderes Buch. Ich bin mit Liebe hergestellt worden. Eigentlich bin ich kein Buch »über« etwas, sondern ein Energiebuch. Gehe achtsam mit mir um. Schlinge mich nicht wie einen Hot Dog herunter, sonst hast du am Ende wahrscheinlich vergessen, was am Anfang stand. Ich möchte dich einladen, dir Energie aus mir zu holen. Sei ein Feinschmecker! Laß jeden Satz wie einen köstlichen Leckerbissen auf der Zunge zergehen. Dann biete ich wahre Lebenshilfe. Die beste Wirkung wird erreicht, wenn du das Erkannte Schritt für Schritt in der Praxis ausprobierst, Erfolgserlebnisse sammelst und diese auf den Arbeitsbögen oder in einem »Erfolgstagebuch« einträgst. Dann kannst du immer auf eine erfolgreiche Vergangenheit zurückblicken nach dem Motto: »Ab heute habe ich eine wunderbare Vergangenheit vor mir.« Erkenntnisse sind die fruchtbarste Sorte von Erfolgserlebnissen. Sammle Erkenntnisse, denn: Wissen, das nicht gelebt wird, ist toter Ballast. Gelebte Erkenntnis ist das wahre Brot des Lebens. Ich bin auch zur »symptomorientierten« Arbeit geeignet. Wann immer es dir nicht optimal geht, schlage im Inhaltsverzeichnis nach, mache die empfohlene geistige Übung und beobachte, wie dein Wohlbefinden steigt. Erfreue dich an mir und empfehle mich weiter. Sei ein Genießer! Ich freue mich auf dich.

Dein Buch

Es gibt wohl kaum einen Menschen, der keinen Ärger kennt. Zum Ärger zählt nicht nur der stille Ärger über jeden und alles. Jede Form der Frustration, Depression, Resignation oder auch Aggression hat ihren Ursprung im falschen Umgang mit Ärgernissen. Wir kennen Ärger als ein unangenehmes Gefühl, das belastet, aus dem seelischen Gleichgewicht bringt und sogar körperliches Unwohlsein bereitet, während Gefühle des Glücks und inneren Friedens uns Harmonie und körperliches Wohlbehagen schenken. Wer würde sich nicht gerne von allen Ärgernissen befreien, die das Leben erschweren? Sich nie mehr ärgern bedeutet nicht scheinheilig durch das Leben schweben, sondern lernen, sich durch Ärger nicht mehr vergiften zu lassen. Wir können den Moment des Ärgers zum Anlaß nehmen, ihn durch Erkenntnis so umzuwandeln, daß das Ärgernis ein für allemal aus unserem Leben verbannt wird. Es liegt an jedem von uns selbst, ob er der Sklave seines Ärgers oder sein Meister sein will. Jeder von uns ist fähig, seine Hilflosigkeit und Ohnmacht, die er in ärgerlichen Situationen empfindet, in Kreativität und Lebenskraft umzuwandeln und auf diese Weise sein Leben positiv, glücklich und erfolgreich zu gestalten. Jeder, der die 7 Lektionen dieses Buches konsequent anwendet, gewinnt eine positive Einstellung zu den kleinen und großen Ärgernissen des Lebens, beseitigt den Ärger mit all seinen unproduktiven Begleiterscheinungen und gewinnt daraus Kraft und Energie für ein ärgerfreies und glückliches Leben. Wenn du das möchtest, beginne jetzt mit Lektion 1, denn:

**Auch eine Reise von 1000 Meilen
beginnt mit dem ersten Schritt.**

Sich ärgern bietet keinen Vorteil!

Woher kommt Ärger?

Ärger ist eine moderne Variante des »Kampf-Flucht-Syndroms«. Als Sofortmaßnahme der Natur reagiert jedes Lebewesen auf unliebsame Energien, indem es seinen Körper durch einen Adrenalinstoß in Kampf- oder Fluchtbereitschaft versetzt. Dieses Verhalten wird als Kampf-und-Flucht-Syndrom bezeichnet. In der heutigen Zeit ist dieser Reflex jedoch überholt. Wenn du zuläßt, daß in der heutigen reizüberfluteten Umwelt dein Körper ständig mit Kampf- oder Flucht-

symptomen reagiert, obwohl du weder mit Urzeitmenschen kämpfen noch fliehen mußt, zahlst du einen hohen Preis. Werden Aggressionen im Körper festgehalten, wenden sie sich gegen dich selbst. Sie führen zu psychosomatischen Beschwerden, die in Form von Magenschmerzen, Magengeschwüren, Migräne, Verdauungsstörungen, Verspannungen bis hin zu Organsymptomen auftreten können. Der Ärger führt zu Krankheit. Ärgerst du dich dann über die Krankheit, ist die »Ärgerspirale« perfekt: Der Ärger führt zu neuem Ärger, dieser wieder zu neuem Ärger und so weiter.

Die Zeit ist reif für einen neuen Weg – weder Flucht noch Kampf, sondern Bewußtsein!

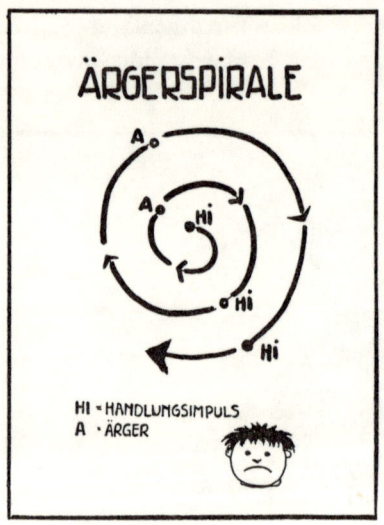

Sich ärgern ist reine Energieverschwendung
»Mensch ärgere Dich nicht!« So heißt sogar eines unserer bekanntesten Gesellschaftsspiele. Unser Ärgerverhalten ist so individuell verschieden, wie jeder Mensch einmalig ist. Aber eines wissen wir alle: Ärger bietet keinen Vorteil! Im Gegenteil: Ärger macht den Ärger nur noch ärger.

Ein Vergleich aus unserem Wirtschaftsleben soll das verdeutlichen: Stell dir vor, du wärst Leiter eines Unternehmens und würdest 30 Prozent der Arbeiter dafür bezahlen, daß sie den Unternehmensbetrieb stören, das Material verstecken, die Arbeiter von der Arbeit abhalten usw. Natürlich könnte dieses Unternehmen nicht wirtschaftlich arbeiten. Das gleiche tust du deinem »Unternehmen« Körper an, wenn du dich ärgerst: Ärger schadet der Gesundheit, stört den Schlaf, macht unbeliebt bei den Mitmenschen, verdirbt die Laune und kostet wertvolle Lebensenergie. Schon Konrad Adenauer sagte: »Wer sich ärgert, bestraft sich für die Sünden der Mitmenschen.« Ärger macht den Ärger also nur noch ärger! Ist das nicht schon Grund genug, das Ärgern so schnell wie möglich zu »verlernen«?

Ich nutze Handlungsimpulse positiv

Manche Menschen sind der Meinung, daß Ärger doch gewisse Vorteile hat. Sie glauben, daß Ärger anstachelt, den Stein des Anstoßes aus dem Weg zu räumen. Um diese Fehlannahme aufzuklären, müssen wir lernen, zu unterscheiden zwischen einem *Handlungsimpuls* und einem *Ärgernis*. Handlungsimpulse sind vorübergehender Natur und dienen als Mittel zu der Erkenntnis, daß etwas zu tun ist. Handlungsimpulse sind die Energieschübe des Lebens. Erst wenn du mit Handlungsimpulsen falsch umgehst, entsteht Ärger. Du ärgerst dich, *statt* dem Handlungsimpuls zu folgen. Erfolg haben bedeutet: mit Handlungsimpulsen richtig umgehen, das heißt durch Handlungsimpulse erkennen, welche Schritte du unternehmen kannst, um zu Lebensfreude, Glück und Gesundheit zu gelangen. Es geht uns also nicht darum, Handlungsimpulse als solches abzuschaffen, sondern sie als Katalysator für deine Persönlichkeitsentwicklung zu nutzen. Das Ärgern verlernen bedeutet also nicht, Ärgernisse nicht mehr sehen zu wollen und den Kopf in den Sand zu stecken, sondern sich mit der Situation zu konfrontieren und sie zu meistern, ohne sich dabei schwarz oder gar krank zu ärgern. Also: Mensch, ärgere Dich nicht! Und wenn du dich doch einmal ärgerst, dann zieh die Notbremse: Ärgere dich wenigstens nicht darüber, daß du dich ärgerst.

Beispiel 01:
Du steckst mitten im Verkehrsstau und ärgerst dich, daß du zu einem wichtigen Termin zu spät kommen wirst. Dadurch, daß du dich ärgerst, löst sich der Stau nicht auf. Ganz im Gegenteil: Du wirst nervös und bist hinterher bei deinem Geschäftstermin schlechtgelaunt. Richtiges Verhalten: Du machst dir bewußt, ärgern bietet keinen Vorteil, und nutzt im Stau die Möglichkeit, einige Entspannungsübungen zu machen. Dadurch kommst du viel ausgeruhter als sonst zu deinem Geschäftstermin.

Ich schüttle ab, was mich beengt
Manche Menschen meinen, es wäre befreiend, sich einmal so richtig zu ärgern. Was diese Menschen wirklich meinen, ist Dampf ablassen, und Dampf ablassen kann wirklich sehr befreiend sein. Aber vergiß nie: Dampf ablassen hat mit sich ärgern nichts zu tun – um Dampf ablassen zu können, mußt du dich *vorher* erst einmal geärgert haben. In diesem Buch geht es darum, das Übel an der Wurzel zu packen, so daß der Ärger gar nicht erst entsteht. Wenn du aber schon Ärger in dir aufgestaut hast, wird es höchste Zeit, Dampf abzulassen. Wie funk-

tioniert Dampf ablassen? Durch Dampf ablassen wandelst du Ärgerenergie um, zum Beispiel in körperliche Bewegung. Stelle dabei aber sicher, daß sich eventuell gestaute Aggressionen nie gegen dich selbst oder andere richten. Dampf ablassen kannst du besser durch schüt-

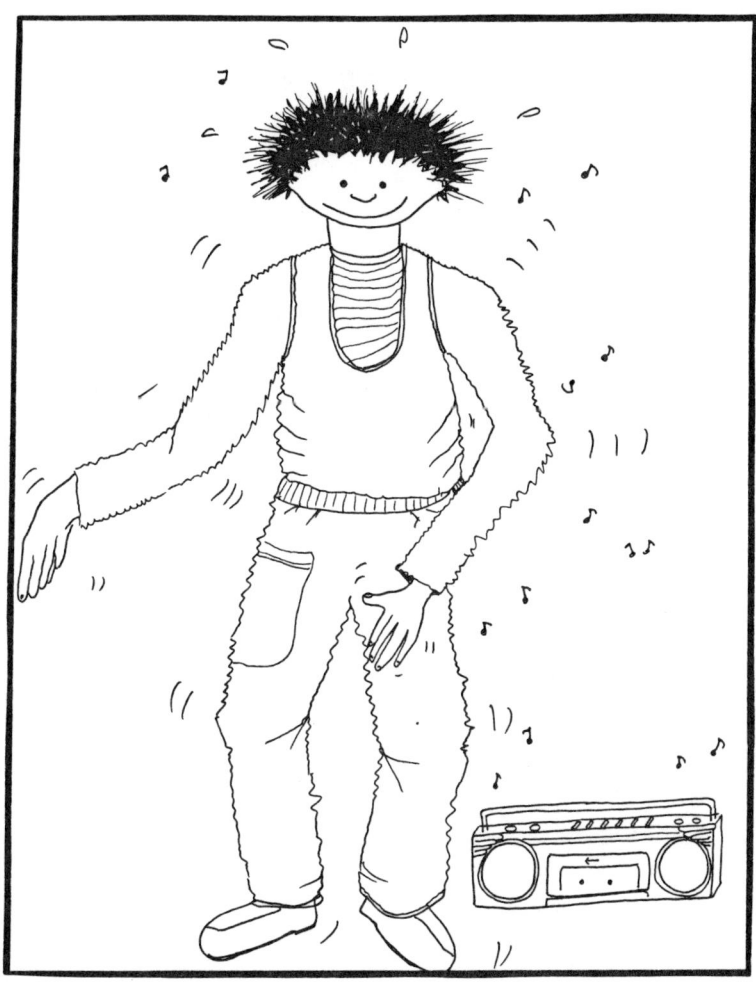

teln, tanzen, stampfen, Urlaute, Jogging oder Teller gegen die Wand werfen. Probiere ruhig alle Methoden aus, aber benutze sie mit Freude –Freude daran, deine eigene Energie zu spüren. Energie ist klasse – solange deine Einstellung dazu positiv ist. Schon Epiktet sagte: »Nicht die Dinge an sich sind schlecht, sondern nur wie du darüber denkst.« Also: Warum nicht im geschlossenen Kämmerchen eine halbe Stunde lang zu afrikanischer Urwaldmusik (siehe Musikempfehlung am Ende des Buches) den Körper ausschütteln. Steigere dich dabei nicht in irgendwelche Gedanken rein, beobachte einfach, was mit dir passiert, während du mit deiner Energie spielst. Alles ist gut, so wie es ist.

Schüttle ab deinen Ärger,
schüttle ab deine Sorgen,
laß alles los,
freu dich auf morgen.

Gleichnis 02:
Alles ist gut, so wie es ist

*Ein Kalif schickte jährlich seinen Großwesir zu einem Meister, damit er
dort Weisheiten für das Staatsgeschäft lerne. Als der Großwesir wieder
einmal von einem Meister zurückgekommen war, fragte ihn der Kalif:
»Nun, sage mir, was hast du diesmal gelernt?« Der Großwesir sagte:
»Alles ist gut, so wie es ist.« »Nun gut«, entgegnete der Kalif, »und was
hast du noch gelernt?« »Alles ist gut, so wie es ist!« Der Kalif war verärgert, für eine solche Sache so viel Geld ausgegeben zu haben, und rief
den Barbier, um sich rasieren zu lassen. Der Barbier rasierte den Kali-
fen, und weil der Kalif noch so verärgert war, schnitt er ihn in die rechte
Wange. »Nun«, rief der Kalif zum Großwesir, »ist das etwa auch gut,
was da passiert ist?« »Alles ist gut, so wie es ist«, sagte der Großwesir.
Vor lauter Zorn ließ der Kalif den Großwesir ins Gefängnis werfen
und machte sich auf seinen Jagdausflug. Er ritt immer weiter in das
Land, bis er sich verirrte und in das Land der Menschenfresser kam.
Diese fingen ihn, setzten ihn in einen Topf mit Wasser. Während sie
schon das Feuer unter dem Topf schürten, sahen sie seine Schnittwunde,
holten ihn heraus und jagten ihn mit Schimpf und Schande davon, denn
Menschenfresser essen bekanntlich nur makelloses Fleisch. Zuhause an-
gekommen holte der Kalif sofort seinen Großwesir aus dem Gefängnis
und bat ihn um Entschuldigung. »Du hattest recht«, sagte er, »es war
gut, daß der Barbier mich geschnitten hat, sonst wäre ich jetzt nicht
mehr am Leben. Aber daß ich dich ins Gefängnis geworfen habe, das
war doch nicht gut – oder?« »Alles ist gut, so wie es ist«, sagte der Großwesir. »Mach mich nicht wahnsinnig«, antwortete der Kalif, »warum
denn das schon wieder?« »Nun«, schmunzelte der Großwesir, »wenn
du mich nicht ins Gefängnis geworfen hättest, wäre ich mit dir geritten,
und mich hätten die Menschenfresser gefressen, denn ich bin makellos.«*

Psychologisches Hinterfragen bietet keinen Vorteil

Solange du Dinge in »gut« und »schlecht« unterteilst, wirst du laufend damit konfrontiert, daß die Dinge nicht so sind, wie du sie gerne hättest. Also: Urteile nie, denn: Urteilen (Ur-teilen = das Ursprüngliche teilen) ist reine Energieverschwendung. Urteilen bietet keinen Vorteil. Die österreichische Mystikerin Erni Wurzenberger hält Urteilen sogar für Gotteslästerung. Sie sagt: »Gott erschuf die Welt und fand sie gut. Nur der Mensch maßt sich an, sie nicht so zu finden.« Das Urteilen hat inzwischen eine pervertierte Form angenommen, das psychologische Hinterfragen, das heißt ergründen, wer wann wie warum schuld an etwas hatte. Es gibt Menschen, die glauben, durch psychologisches Hinterfragen würde man Probleme besser verstehen können. Die Wahrheit ist: Durch psychologisches Hinterfragen kommst du an Probleme, die du sonst nie gehabt hättest. Psychologisches Hinterfragen führt dich in den Dschungel der Vergangenheit, die dich wie einen Moloch verschlingt. Am besten: Vergiß jede Form der Psychologie, denn die Psyche ist in Wahrheit völlig unlogisch. Suche nicht nach irgendwelchen fadenscheinigen Begründungen, warum du dich

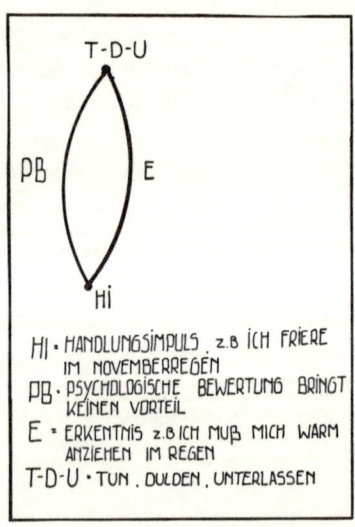

HI · HANDLUNGSIMPULS, z.B. ICH FRIERE IM NOVEMBERREGEN
PB · PSYCHOLOGISCHE BEWERTUNG BRINGT KEINEN VORTEIL
E · ERKENTNIS z.B ICH MUß MICH WARM ANZIEHEN IM REGEN
T·D·U · TUN, DULDEN, UNTERLASSEN

ärgerst, sondern: **Akzeptiere alles, was ist – für jetzt!** Mal laufen die Dinge schneller als erwartet, mal langsamer. Mal geschieht eine unvorhergesehene Panne, mal ein unerwarteter Rückenwind. Nimm die Dinge, wie sie kommen, aber tue alles dafür, daß die Dinge so kommen, wie du sie nehmen möchtest. Schaue nur noch nach vorne (wenn du nach vorne willst). Vergiß, was gewesen ist, und tue *jetzt* das Richtige. Frage dich: **Was erwartet das Leben von mir jetzt?**

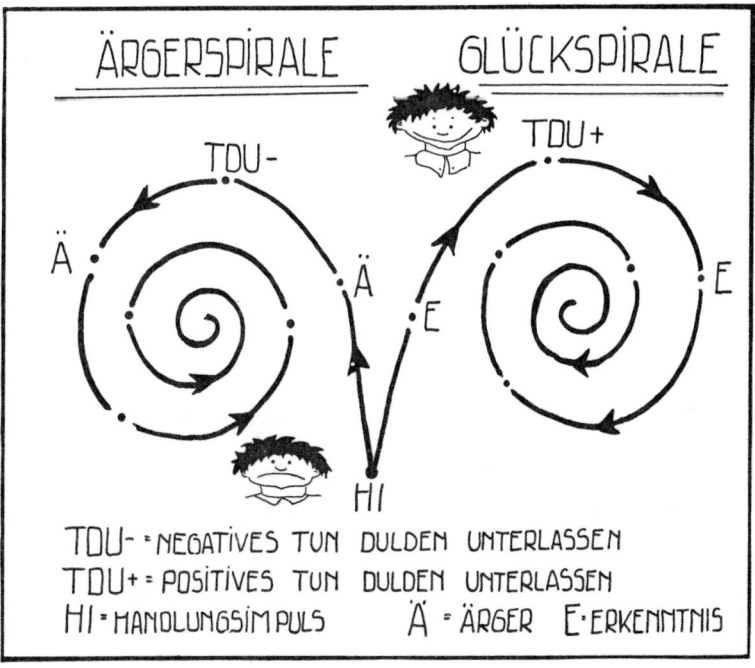

Beispiel 02:
Dir brennt dein Essen an, weil dich deine Kinder ständig beim Kochen stören. Falsches Verhalten: Du jammerst, wie schlimm das Ganze ist, läßt deinen Ärger an den Kindern aus und bist am Ende des Tages völlig frustriert. Richtiges Verhalten: Du wendest dich ab vom angebrannten Essen und gönnst dir einen kleinen Spaziergang, um dich zu entspannen. Wieder zu Hause, machst du ein Fertiggericht warm und trinkst ein Glas Sekt auf den Vorfall.

Beispiel 03:
Du willst morgens zur Arbeit fahren und siehst, daß Diebe die Reifen von deinem Auto abmontiert haben. Falsches Verhalten: Du tobst. Richtiges Verhalten: Du rufst die Werkstatt an und läßt dir neue Reifen bringen.

Gleichnis 03:
Urteile nie

Eine weise Frau lebte auf dem Land in ärmlichen Verhältnissen. Aber sie besaß ein wunderschönes weißes Pferd. Sogar der König beneidete sie um dieses Pferd und bot ihr viel Geld dafür, aber die Frau verkaufte es nie. Eines Morgens fand sie ihr Pferd nicht im Stall. Alle Nachbarn versammelten sich und sagten: »Du dummes Weib. Wir haben immer gewußt, daß das Pferd eines Tages gestohlen werden würde. Es wäre besser gewesen, es zu verkaufen. Welch ein Unglück!« Die weise Frau sagte: »Geht nicht so weit, das zu sagen. Woher wollt ihr wissen, daß es ein Unglück ist? Alles, was ist, ist: Das Pferd ist nicht im Stall. Soviel ist Tatsache. Alles andere ist Urteil. Ob es ein Unglück oder ein Segen ist, kann ich nicht sagen.« Die Leute lachten die Frau aus. Sie hatten sie schon immer für verrückt gehalten. Aber nach drei Wochen kehrte das Pferd zurück. Es war nicht gestohlen worden, sondern in die Wildnis ausgebrochen. Und nicht nur das, es brachte sogar sechs wilde Pferde mit. Wieder versammelten sich die Leute und sagten: »Weise Frau, du hattest recht, es hat sich tatsächlich als ein Segen erwiesen.« Die weise Frau entgegnetete: »Wieder geht ihr zu weit. Alles, was ist, ist: Das Pferd ist zurück.« Die weise Frau hatte einen einzigen Sohn. Dieser begann die Wildpferde zuzureiten. Nach einer Woche fiel er vom Pferd und holte sich eine Verstauchung. Wieder versammelten sich die Leute, und wieder urteilten sie: »Du hattest recht, es war ein Unglück. Du mußt jetzt deine Arbeit alleine machen.« Die weise Frau antwortete: »Ihr seid besessen vom Urteilen. Alles, was ist, ist: Mein Sohn hat sich eine Verstauchung geholt. Niemand weiß, ob dies ein Unglück ist oder ein Segen.« Bald darauf begann das Land einen großen Krieg. Alle jungen Männer des Ortes wurden zwangsweise zum Frontdienst eingezogen. Nur der Sohn der weisen Frau blieb zurück, weil er noch an seiner Verstauchung litt. Der ganze Ort war von Wehgeschrei erfüllt, weil dieser Krieg nicht zu gewinnen war und man wußte, daß die meisten jungen Männer nicht nach Hause zurückkehren würden. Wieder kamen die Leute zur weisen Frau und sagten: »Du hattest recht. Es war ein Segen.« Die weise Frau antwortete: »Ihr lest nur ein einziges Wort in einem ganzen Satz – wie könnt ihr das ganze Buch beurteilen? Das Leben kommt in Augenblicken, und mehr bekommt ihr nie zu sehen. Nur Gott, nur das Ganze weiß, ob es ein Unglück ist oder ein Segen.« Urteile nie!

Ich lasse das Resonanzgesetz für mich arbeiten

Aus der Physik stammt das Gesetz der magnetischen Anziehung, das besagt: Positiv geladene Gegenstände (Metallplatten, Magnete etc.) ziehen positiv geladene Gegenstände an, negativ geladene Gegenstände ziehen negativ geladene Gegenstände an. In zahlreichen Versuchen wurde festgestellt, daß dieses Gesetz auch im geistigen Bereich funktioniert. Das bedeutet: Wer eine positive Lebenseinstellung hat, begegnet positiven Leuten und Ereignissen, wer eine negative Lebenseinstellung hat, begegnet negativen Leuten und Ereignissen (Resonanzgesetz von lat. re-sonare = zurückklingen). Das bedeutet: **Positives zieht Positives an, Negatives zieht Negatives an.** Glück ist nicht Glückssache, sondern eine Frage der richtigen Geisteshaltung. Der Verhaltensforscher Mewes hat diese Erkenntnis fortgeführt und daraus die kybernetischen Gesetze (von griech. kybernos = der Steuermann) entwickelt. Die kybernetischen Gesetze besagen: Jede vorhandene Energie hat die Tendenz, sich zu verstärken. Im Klartext: Wer reich ist, hat gute Chancen noch reicher zu werden, wer arm ist, wird arm bleiben, wenn er nichts ändert. In der Bibel heißt es: »Wer da hat, dem wird gegeben, wer da aber nicht hat, dem wird das wenige auch noch genommen.«

Wie kommt man jetzt zum »Haben«? Mache dir einmal die Mühe, zu einem geistigen Großreinemachen. Fange an, deinen Ärger, deine Stimmungen, dein Leben in die eigene Hand zu nehmen, was immer passiert. Sei ein Überwinder. **Sobald du das erste Erfolgserlebnis hast, bist du aus dem »Gröbsten« heraus.** Du kannst dieses Erfolgserlebnis nämlich »ankern« (s. Experiment 1, Punkt 3), indem du es dir immer wieder bewußt machst. Ein »geankertes« Erfolgserlebnis zieht nach dem Gesetz der Resonanz das zweite Erfolgserlebnis an, dieses das dritte und so fort. Die Energie des ersten Erfolgserlebnisses schiebt dich wie die Triebfeder einer Spirale mit immer stärkerer Kraft nach vorne. Kinderleicht ziehst du so immer mehr Erfolge an. Zu Beginn dieses Kapitels hast du die Ärgerspirale kennengelernt. Die Erfahrung hat gezeigt, daß *jeder* auch die Glückspirale in Gang setzen kann – es kommt nur auf deine Ausdauer und Beharrlichkeit an. Beginne am besten heute, denn: Heute ist der erste Tag vom Rest deines Lebens.

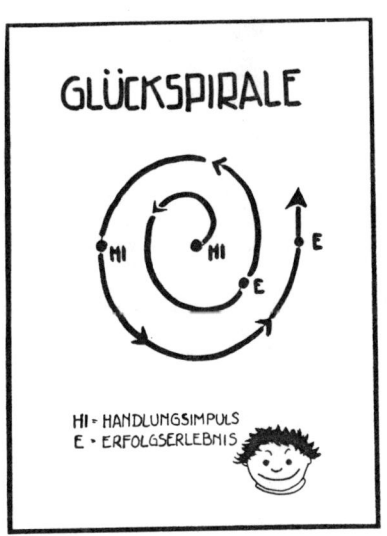

GLÜCKSPIRALE

HI = HANDLUNGSIMPULS
E = ERFOLGSERLEBNIS

Experiment 1:

1) Mache einmal eine Ärgerbilanz. Fülle das Arbeitsblatt 01 aus. Frage dich: Worüber ärgere ich mich? Wie reagiere ich auf Ärgernisse?

2) Motiviere dich für ein ärgerfreies Leben. Motiviere dich dazu, Konfrontationen und Stimmungen zu meistern – und dafür auch einiges zu tun. Die einfachste Art, sich für eine Sache zu motivieren, liegt darin, sich gedanklich in den erwünschten Endzustand zu begeben, einfach indem du dir die Vorteile einer Sache bewußt machst und laufend neue Vorteile für sie findest. Fülle das Arbeitsblatt 02 aus. Frage dich: »Nehmen wir einmal an, ich wäre frei von Ärger und könnte Stimmungen und Konfrontationen souverän meistern – wie wäre das für mich?« Arbeitsblatt 02 kannst du auch auf andere Dinge sinngemäß anwenden, für die du dich motivieren möchtest (z. B. regelmäßiger Waldlauf, Morgenmeditation . . .)

3) Ankere deine Erfolgserlebnisse im »Überwinden«. Frage dich: »Wann habe ich es schon einmal geschafft, ein altes Verhaltensmuster – mich zu ärgern, zu urteilen oder ähnliches – zu durchbrechen?« Sammle solche Erfolgserlebnisse indem du Arbeitsblatt 03 ausfüllst. Wenn du später in deinem Erfolgstagebuch Erfolgserlebnisse im Überwinden von alten Verhaltensmustern notierst, kennzeichne sie mit der Abkürzung AMÜ (Altes Muster überwunden).

4) Fülle das Arbeitsblatt 04 »Erfolgserlebnisse aus der Zukunft im Überwinden alter Muster« in der Vergangenheitsform aus, so als ob du es schon geschafft hättest. Frage dich: »Bei welchem von den Punkten kann ich mir ein erstes Erfolgserlebnis verschaffen? Wo kann ich ein altes Verhaltensmuster durchbrechen?« Fange mit der leichtesten Übung an und steigere dich langsam, aber konsequent. **Sammle »AMÜ-Punkte« – sei ein Überwinder.**

5) Mache eine **Feuermeditation.** Feuermeditationen machst du jeweils nach dem Muster des betreffenden Arbeitsblattes, aber auf einem eigenen Zettel. Setze dich hin (möglichst mit aufrechter Wirbelsäule) und mache dir etwas in deinem Leben bewußt, das du loslassen möchtest. Notiere es auf einen Zettel. Sobald du es dir bewußt gemacht hast, zündest du ein Streichholz an und verbrennst diesen Zettel. Du stellst dir dabei vor, daß das, was du loslassen möchtest, aus deinem Leben verbrannt wird und sich in Luft auflöst. Mache die Feuermeditation zuerst nach dem Muster von Arbeitsblatt 01, das heißt, mache dir bewußt, was du loslassen möchtest: Die Dinge, über die du dich ärgerst. Mache sie dir noch einmal bewußt. Dann verbrenne dieses Blatt und sage dabei: »Ich mache mir bewußt: Ärgern bietet keinen Vorteil. Ich bin deshalb bereit, mich ab heute nie mehr zu ärgern. Ich kann es, ich weiß es, ich schaffe es.« Beobachte in den nächsten Tagen, was geschieht.

Arbeitsblatt 01 (Muster)
Zeit für eine Ärgerbilanz

A) Worüber ärgere ich mich noch?

01) Leute, die im Stau hupen
....

02) Warten müssen in einer Einkaufsschlange
....

03) Wenn beim Friseur laut das Radio läuft
....

04) Wenn mein Schreibcomputer meine Arbeit löscht
....

05) Menschen, die mich wie einen Schuljungen behandeln
....

B) Wie reagiere ich auf Ärgernisse?

01) Ich lenke mich ab durch entspannende Musik
....

02) Ich kaufe etwas Süßes zum Naschen
....

03) Ich zittere am ganzen Körper und spüre, wie es in mir kocht
....

04) Ich gehe in die Sauna
....

05) Ich werde traurig und resigniere
....

Arbeitsblatt 01
Zeit für eine Ärgerbilanz

A) Worüber ärgere ich mich noch?

01) ....

02) ....

03) ....

04) ....

05) ....

B) Wie reagiere ich auf Ärgernisse?

01) ....

02) ....

03) ....

04) ....

05) ....

Arbeitsblatt 02 (Muster):
Nie mehr ärgern bringt mir folgende Vorteile:

01) Ich sehe das Leben positiv ....

02) Ich gehe unvoreingenommen auf andere zu ....

03) Ich gehe optimistisch an meine Arbeit ....

04) Ich habe Energie für meine Hobbys ....

05) Ich genieße das Leben ....

06) Ich brauche keine »Ablenkungen«, z. B. Süßigkeiten ....

07) Andere haben Freude an mir ....

08) Ich lebe lustig ....

09) Ich gehe abends gerne aus ....

10) Ich kann meine Gefühle zeigen ....

Arbeitsblatt 02
Nie mehr ärgern bringt mir folgende Vorteile:

01) ....

02) ....

03) ....

04) ....

05) ....

06) ....

07) ....

08) ....

09) ....

10) ....

AMÜ – Erfolgserlebnisse aus der Vergangenheit im Überwinden alter Muster

Erfolg   Konkretes Erlebnis

01) Mit Maria nicht mehr geschlafen, nachdem Schluß war, obwohl Gelegenheit war – Hausflur Schwabing nachts
....

02) Bei der ZEN-Meditation sitzen geblieben, obwohl der Rücken weh tat – Meditationszentrum Sommer '87 abends
....

03) Beim »weißen Fest« geblieben, obwohl es zuerst langweilig war – Fasching '87 Löwenbräukeller
....

04) Mit der Firma in den Bergen übernachtet – Allgäu '85
....

05) Tatjana ehrlich gesagt, was mir im Bett Spaß macht – Ibiza 1987
....

06) Tina klipp und klar die Wahrheit gesagt – Telefonat Frühjahr '87 direkt nach dem Aufstehen
....

07) Einem Chef kontra gegeben – Hotelzimmer Ibiza '87
....

08) Beim Zahnarzt auf Schmerz mit Bewußtsein reagiert – Einsetzen der neuen Krone Herbst 1987
....

09) Als Elfriede mich am Telefon durch »vollabern« runterziehen wollte, nicht mitgespielt, sondern clever reagiert – Telefonat über die neue Arbeit, Herbst 1987
....

10) Angefangen, die Welt als Clown von einer heiteren Seite zu sehen – Neujahr 1987
....

Arbeitsblatt 03
AMÜ – Erfolgserlebnisse aus der Vergangenheit im Überwinden alter Muster

Erfolg   Konkretes Erlebnis

01) ....

02) ....

03) ....

04) ....

05) ....

06) ....

07) ....

08) ....

09) ....

10) ....

Arbeitsblatt 04 (Muster):
AMÜ – Erfolgserlebnisse aus der Zukunft im Überwinden alter Muster

01) Auf Frust nicht mit Süßigkeiten, sondern mit Selbstliebe reagiert.
....

02) Beim Gespräch mit »wichtigen« Leuten absolut authentisch gewesen.
....

03) Nur soviel gegessen, wie der Körper braucht.
....

04) Sich morgens erst selbst aufgebaut, bevor ich an die Arbeit gegangen bin.
....

05) Sich nicht in ein Tief treiben lassen, sondern schon bei ersten Anzeichen bewußt geworden.
....

06) Mir für unvorhergesehenen Anruf Zeit genommen.
....

07) Auf Intellektuelle nicht reflexbedingt reagiert, sondern »rückgekoppelt«, was ich wirklich sagen will.
....

08) Absichtslos geflirtet.
....

09) Abends unter Leute gegangen und Leben geschehen lassen.
....

10) Einen Kopfsprung vom 1-Meter-Brett gemacht.
....

Arbeitsblatt 04
AMÜ – Erfolgserlebnisse aus der Zukunft im Überwinden alter Muster

01) ....

02) ....

03) ....

04) ....

05) ....

06) ....

07) ....

08) ....

09) ....

10) ....

Niemand kann mich ärgern – außer ich mich selbst

Ich gewinne eine sportliche Einstellung zu Ärgernissen
Es sind nicht die Umstände, die dich ärgern, sondern deine Art, auf sie
zu reagieren. Die Umstände sind neutral. Nur deine Einstellung ent-
scheidet, ob du eine Situation als ärgerlich empfindest oder als inspirierend, motivierend, aktivierend, lehrreich oder ähnliches. Wie schon
die Sprache andeutet: »ICH ärgere mich.« Niemand auf der Welt hat
die Macht, dich zu ärgern, außer du dich selbst. Niemand anderer
kann sich für dich ärgern. Du kannst alles zum Anlaß nehmen, dich zu
ärgern – das angebrannte Essen, den Stau –, du kannst es aber auch
sein lassen, direkt zur Lösung übergehen und dich bei jeder Panne
fragen: »Was ist *jetzt* zu tun?« Du hast die Wahl! Am leichteten tust
du dir, wenn du in jedem Ärgernis ein »kostenloses Privattraining«
auf dem Weg zu einem »neuen Gemütsmenschen« siehst.

Vermeide die drei typischen Fehlverhalten:
1. Verdrängen (der »Schluckspecht«)
2. Herumschreien (der »Schreihals«)
3. Den Schuldigen finden oder Schuldgefühle haben (der »Bewerter«)

Ich gebe jede falsche Zurückhaltung auf
Der »Herr Schluckspecht« erträgt alles geduldig und sagt nie seine
Meinung. Er läßt den Ärger in sich gären und glaubt: »Wenn ich meinen Ärger hinunterschlucke, habe ich erst einmal Ruhe. Ich muß alles
geduldig ertragen.« Die Wahrheit ist: Herunterschlucken ist teuer!
Wenn die Menschen wüßten, was sie ihre falsche Zurückhaltung kostet, würden sie aufräumen! Wer schluckt, bringt andere erst auf die
Idee, ihren seelischen Mülleimer über ihn zu entleeren. Zurückhaltung (etwas zurück-halten) ist also nicht angebracht. Wer Unüberseh-

bares übersieht und Unüberhörbares überhört, darf sich nicht wundern, wenn ihm eines Tages Hören und Sehen vergeht. Schlucken macht alles nur schlimmer. Je mehr man verdrängt, um so größer wird die Spannung, bis der Dampfkesseleffekt eintritt: Entweder die angestauten Gefühle entladen sich bei irgendeiner kleinen Gelegenheit (Explosion), oder man wird krank (Implosion). Richtiges Verhalten: Nimm deine Gefühle bewußt wahr und leite daraus Erkenntnisschritte ab.

Beispiel 04:
Du arbeitest Tag und Nacht an einem Forschungsobjekt. Falsches Verhalten: Du ärgerst dich, weil draußen die Sonne scheint, arbeitest aber wie besessen weiter. Richtiges Verhalten: Du legst öfter eine kurze Pause ein, genießt die Sonne und gehst dann wieder mit mehr Schwung an deine Arbeit.

Beispiel 05:

Dich stört, daß dein Partner jeden Abend vor dem Fernseher hockt.
Falsches Verhalten: Du setzt dich auch vor den Fernseher und bist
frustriert. Richtiges Verhalten: Du sprichst deinen Partner darauf an:
»Ich habe Verständnis dafür, daß du gern fernsiehst. Nur: Ich habe
Lust, heute einmal etwas anderes zu machen. Ich möchte gerne ausge-
hen. Soll ich allein gehen, oder hast du Lust mitzukommen?« (Merke:
Bei dieser Alternativfrage wurde ein cleverer Trick verwendet: Setze
die Alternative, die dir gefällt, immer an den Schluß. Sie klingt im Ohr
deines Zuhörers nach und wird deshalb öfter gewählt.)

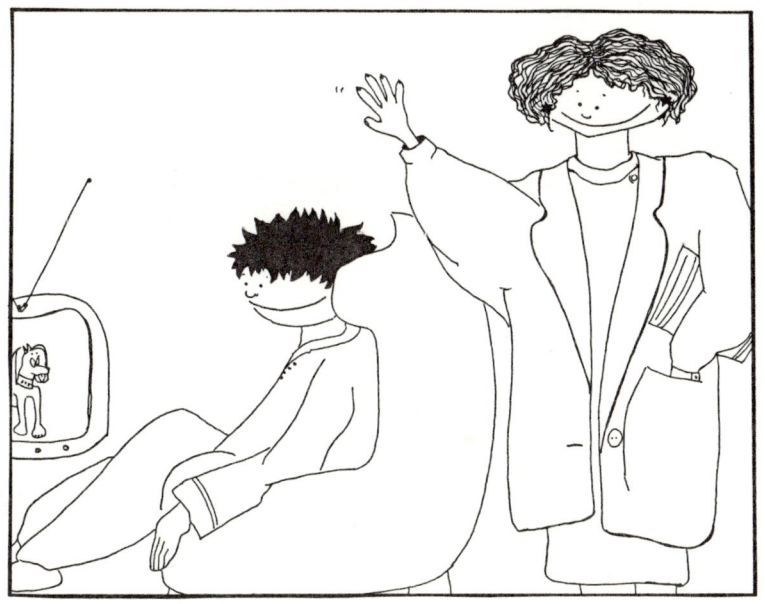

Ich gehe taktvoll mit anderen um

Der »Herr Schreihals« ist ein geistiger Umweltvergifter. Er knallt an-
deren rücksichtslos vor den Kopf, was ihm nicht gefällt. Er meint:
»Wenn ich meinen Ärger hinausbrülle, bin ich ihn los. Außerdem ist
Angriff die beste Verteidigung. So halte ich alle in Angst und Schrek-

ken, und das verschafft mir Respekt und Macht.« Die Wahrheit ist: Wer Ärger einfach hinausbrüllt, macht sich unnütz viele Feinde, denn: Druck erzeugt Gegendruck. Der »Herr Schreihals« wird vielleicht äußerlich respektiert, aber seine Macht steht auf sehr wackeligen Füßen: Er muß ständig die anderen in Angst und Bange halten – und das bringt viel Streß mit sich. Richtiges Verhalten: Gehe vor jeder Konfrontation mit dir selbst in Harmonie, nimm einige tiefe Atemzüge und führe dann eine Aussprache, ein klärendes Gespräch oder eine Änderung der Situation herbei.

Beispiel 06:
Dein Partner bittet dich, nicht immer die Zahnstocher auf dem Wohnzimmertisch liegen zu lassen. Du antwortest: »Was, ich soll meine Zahnstocher wegräumen? Schau doch mal in deinem Kühlschrank nach, wie es da aussieht!« und läßt die Zahnstocher liegen. Richtiges Verhalten: Du stehst auf und wirfst den Zahnstocher in den Mülleimer. Das bedeutet natürlich nicht, daß du unter dem Pantoffel stehst. Es bedeutet einfach nur, daß du eine Chance genutzt hast, deinem Partner eine Freude zu machen.

Beispiel 07:
Deine Kinder haben den Fußboden schmutzig gemacht. Falsches Verhalten: Du tobst, ohne deinen Kindern zu sagen, wie sie sich deiner Meinung nach besser verhalten könnten. Richtiges Verhalten: Du sagst: »Der frisch geputzte Fußboden ist wieder dreckig. Zieht die Schuhe bitte in Zukunft vor der Tür aus. Ich zeige euch jetzt, wie man den Boden sauberwischt, und ihr putzt ihn wieder sauber, einverstanden?«

Ich suche die Lösung – nicht den Schuldigen

Der »Herr Bewerter« reagiert auf Ärger, indem er einen Schuldigen sucht und meist auch findet. Bei den Hühnern gibt es die sogenannte »Hackordnung«: das jeweils stärkere Huhn tobt seine Aggressionen an einem schwächeren aus, indem es auf es einhackt. Manchmal hat man das Gefühl, daß auch die Menschen in einem riesengroßen Hühnerstall leben. Wenn sie niemanden mehr haben, den sie beschuldigen können, dann beschuldigen sie entweder die Umstände oder sich selbst (die drei Strategien des Beschuldigens).

Dabei bietet die Strategie »beschuldigen« keine Vorteile. Wenn du jemandem schuld gibst, vergibst du damit auch die Macht. Gibst du jemand *anderem* die Schuld, gibst du jemand anderem die Macht, etwas zu ändern, das heißt, solange *der andere* sich nicht dir gegenüber ändert, hast du keine Chance. Gibst du den *Umständen* die Schuld, gibst du den Umständen die Macht, das heißt, solange sich die *Umstände* dir gegenüber nicht ändern, hast du keine Chance[*]. Gibst du *dir selbst* die Schuld, gibst du deinem So-Sein (deinem Charakter etc.) die Macht, das heißt, solange sich dein So-Sein nicht ändert (und das dauert lange!), hast du keine Chance. Warum also beschuldigen? Erkenne besser: *Alle* Beteiligten sind unschuldig. Gehe direkt an die Lösung. Statt den Schuldigen zu suchen, setze dich mit einem Blatt Papier an den Schreibtisch und mache ein **Brainstorming** (wörtl. Gehirnsturm, gleichbedeutend mit: »Frischen Wind« in das Denken bringen). Sammle erst einmal alle Lösungsmöglichkeiten, und denke dann erst über die einzelnen Vorschläge nach. Konzentriere alle Energie darauf, aus den gegebenen Umständen das Beste zu machen. Dann denkst du wirklich positiv. Lerne:

1. Nie mehr die anderen beschuldigen!
2. Nie mehr die Umstände beschuldigen!
3. Nie mehr sich selbst beschuldigen!

---

[*] Vgl. hierzu auch Alfred R. Stielau-Pallas, *Märchenhafte Freiheit*, ebenfalls erschienen im Verlag PETER ERD.

SCHULD MACHT

Ich verzeihe allen, die mich jemals geärgert haben
Verzeihe aufrichtig allen, die du für deinen Ärger verantwortlich gemacht hast: den anderen, den Umständen und insbesondere dir selbst. Sende ihnen Gedanken des Friedens und der Liebe. Sieh es so, daß alle, die dich geärgert haben, dir in Wirklichkeit eine wertvolle Lernchance angeboten haben. Wenn du dir bewußt machst, daß du durch Beschuldigen gleichzeitig die Macht vergibst, erkennst du: **Nur wer ehrlichen Herzens verzeiht, hat eine Chance, sich vom Rucksack der Vergangenheit zu befreien.** In der Bibel steht: »Mit dem Maß, mit dem Ihr meßt, werdet Ihr gemessen werden.« Wenn du dazu bereit bist, segne alle, die dich geärgert haben. Segnen ist die unabdingbare Voraussetzung für die eigene geistige und körperliche Gesundheit. Dabei mußt du deinen Erzfeind nicht gleich zu deinem Busenfreund machen. Der gute Wille und die positive innere Einstellung genügen.

Beispiel 08:
Du bist Unternehmer. Dein Geschäft floriert nicht. Du machst die schlechte Wirtschaftslage dafür verantwortlich. Solange du deine Energie darauf verwendest, die Wirtschaftslage zu beschuldigen, kannst du keinen Erfolg haben. Richtiges Verhalten: Du fragst dich: »Welche Chance habe ich in dieser Situation? Was ist die *Möglichkeit* für mich jetzt?« und erkennst zum Beispiel völlig neue Vertriebswege.

Beispiel 09:
Du hast schlechte Laune und findest, daß die negative Ausstrahlung deines Partners daran schuld ist. Solange du das meinst, wird sich deine Laune immer verdüstern, wenn du deinen Partner siehst. Richtiges Verhalten: Du erkennst, daß *deine* Laune mit dem Partner nichts zu tun hat, bringst deine Stimmung durch die »Bhakti-Energie« (Lektion 7) auf Hochtouren und wirst so zu »geistigem Champagner« für deinen Partner.

Beispiel 10:
Du meinst, dein Vater wäre schuld daran, daß du so ein hartes Leben hattest. Solange du deinem Vater nicht verziehen hast, wirst du (unbewußt) alles tun, damit dein Leben hart ist und du deinen Vater weiterhin beschuldigen kannst.

Ich bin frei von Schuldgefühlen

Wer Schuldgefühle hat, ist im Leben immer der Trottel. In Wahrheit gibt es keine Schuld, es sei denn, du glaubst an dieses Märchen von den »armen Sündern«. Warum gibt es keine Schuld? Nach dem Gesetz der Ursache und Wirkung kann niemandem ein Haar gekrümmt werden, der es nicht verdient hat. Im Klartext: Wenn du jemandem Leid zugefügt hast, hast du ihm gleichzeitig eine – vom Leben bereits vorgesehene – Lernchance geboten. Laß dich allerdings durch diese Erkenntnis nicht dazu verleiten, als Oberlehrer der ganzen Welt Lektionen zu erteilen, sonst schlägt die Welt zurück, indem sie wieder dich mit Lektionen eindeckt. Die Aussage bezieht sich nur auf Dinge, die längst vorbei sind: **Vergiß deine Schuldgefühle, sie haben dir nichts als Ärger und Frust bereitet.** Wenn du selbst frei von Schuldgefühlen bist, anderen also keine Resonanz (re-sonare = lat. zurücktönen) mehr bietest, dich zu beschuldigen, wirst du auch nie mehr verhauen. Dir muß auch nie mehr etwas leid tun, denn: Wenn dir etwas »leid tut«, dann heißt das ja wörtlich genommen, daß es dir »Leid zufügt«. Und es ist wirklich nicht nötig, daß du wegen irgendeiner dummen Kleinigkeit leidest! Da es keine Schuld gibt, hast du es auch nie mehr nötig, dich zu entschuldigen! Vergiß deine Sünde und du bist frei. So einfach ist das.

Beispiel 11:

Du wirfst bei deinem Gastgeber versehentlich eine teuere Porzellan-
lampe um. Die Lampe zerspringt in tausend Scherben. Falsches Verhalten: Du entschuldigst dich übertrieben: »Oh, du kannst dir gar
nicht vorstellen, wie leid mir das tut! Ich bin aber auch zu ungeschickt!
Ich mache nie etwas richtig! Kannst du mir noch einmal verzeihen?
Ich werde mich in deinem Haus auch nie wieder so unvorsichtig bewe-
gen!« Richtiges Verhalten: »Scherben bringen Glück, hat mal jemand
gesagt! Bitte schicke mir die Rechnung, ich werden den Schaden
selbstverständlich wiedergutmachen.« Auf den Vorwurf deines Gast-
gebers, du könntest etwas mehr Reue empfinden, gehst du folgender-
maßen ein: »Ob mir das leid tut? Nein, leid tut mir das natürlich nicht,
denn ich habe die Lampe ja nicht absichtlich umgeworfen. Ich habe
jedoch volles Verständnis dafür, daß du dich ärgerst, aber ich kenne
ein gutes Buch gegen Ärger . . .«

Experiment 2:

1) In diesem Experiment geht es darum, daß du positives Denken trainierst, indem du zu Ärgernissen einen positiven Aspekt findest. Notiere anhand des Arbeitsblatts 05 zehn Menschen, die dich irgendwann einmal geärgert haben. Mache dir genau die Situation bewußt, in der sie dich geärgert haben: Welche Jahreszeit war es? Welche Tageszeit? Wie war das Wetter usw.? Dann überlege einmal, welche Lernchance, bzw. welchen Vorteil du *günstigstenfalls* in dieser Situation auf deinen Lebensweg bekommen hast. Finde also den positiven Aspekt dieser zehn Situationen heraus und notiere ihn jeweils neben der entsprechenden Situation.

2) Notiere zum Arbeitsblatt 06 zehn Menschen, die du dafür verantwortlich machst (machtest), daß etwas in deinem Leben schiefgelaufen ist, und mache dir wiederum die konkreten Situationen bewußt. Auch bei diesem Arbeitsblatt geht es um positives Denken: Mache dir bewußt, welche Lernchance bzw. welchen Vorteil du günstigstenfalls aus diesen Situationen bekommen hast, und schreibe das Erkannte neben die jeweilige Situation.

3) Im Arbeitsblatt 07 geht es um die Situationen, in denen du *anderen* »auf den Fuß getreten« bist. Notiere auf einem Blatt zehn Menschen, gegenüber denen du dich schuldig fühlst (fühltest), weil du ihnen weh getan hast. Mache dir wieder die genauen Situationen bewußt und erkenne hier die Lernchance, die du *anderen* damit gegeben hast. Notiere das Erkannte neben der jeweiligen Situation.

4) Im Arbeitsblatt 08 geht es darum, daß du wieder Erfolgserlebnisse »ankerst«. Mache dir drei Erfolgserlebnisse im Verzeihen, Verantwortung-Übernehmen und Schuldgefühle-Loslassen bewußt und notiere sie auf Arbeitsblatt 08. **Sammle Erfolgserlebnisse.** Kürze Erfolgserlebnisse in deinem Erfolgstagebuch mit »**EA**« (Erfolgserlebnis ankern) ab.

5) Mache wieder eine Feuermeditation (Experiment 1). Verbrenne die Blätter, die du nach dem Muster der Arbeitsblätter 05–07 beschrieben hast, und sage dabei: »Ich verzeihe allen Menschen, die mich jemals geärgert haben, und entlasse sie aus jeglicher Schuld. Ich bin selbst frei von Schuldgefühlen, denn ich habe es damals nicht besser gekonnt. Ich übernehme die alleinige Verantwortung für mein Leben. Ich wünsche allen Beteiligten für ihren Lebensweg alles Gute und schaffe damit für mich die Grundvoraussetzung für ein glückliches und erfülltes Leben. Ich kann es, ich weiß es, ich schaffe es.« Beobachte in den nächsten Tagen, was geschieht.

Arbeitsblatt 05 (Muster)
Zehn Menschen, die mich geärgert haben (hatten).

Menschen und konkrete Situationen   Positiver Aspekt

Ich bin krank. Fritz hänselt mich so sehr, daß ich mit der Brille nach ihm werfe –
lernen, sich nie mehr zu ärgern.
01) ....

Ich verliebe mich in eine traumhaft aussehende Frau, bin von ihr bitter enttäuscht – Hotelzimmer Locarno
nichts in Leute »projizieren«
02) ....

Anne war voller Spannungen und projizierte das auf mich – Wohnung Schwabing, Herbst 1979
lernen, authentisch zu sein
03) ....

Toto brüllt mich an – Vorstandssitzung Frühjahr 1983
lernen, Kontra zu geben
04) ....

Pia war aufdringlich, ließ mir keinen Freiraum – Zusammenbruch Sommer 1982
Krankenhaus
lernen, zu sagen, was mir paßt
05) ....

Primitiver Junge wollte mich verhauen – Polen 1980
Mut, sich nicht einschüchtern zu lassen
06) ....

Geistiger Führer bringt mir rüber, ich sei nicht o.k. – Fuerteventura 1987
unabhängig und stark werden
07) ....

Charles sagt zu mir: Was hast du denn heute für ein Problem? – Konferenzraum
Büro.
nicht die Erwartungen anderer erfüllen
08) ....

Koch in Mallorca schlägt mich (ich bin Tourist), weil ich in sein Essen gelangt
habe
achtsam und stark werden
09) ....
Verwandte begrüßt mich mit den Worten: »Na, du Armer, hast du endlich eine
Freundin abgekriegt?«
sich nicht wie einen dummen Junge behandeln lassen. Sagen, was andere in mir
auslösen.
10) ....

Arbeitsblatt 05
Zehn Menschen, die mich geärgert haben (hatten).

Menschen und konkrete Situationen   Positiver Aspekt

01) ....

02) ....

03) ....

04) ....

05) ....

06) ....

07) ....

08) ....

09) ....

10) ....

Arbeitsblatt 06 (Muster)
Zehn Menschen, die ich für etwas verantwortlich mache (machte).

Menschen und konkrete Situationen   Positiver Aspekt

Ernst – Man darf nie zufrieden sein (Autofahrt Mainz von der Schule nach Hause)
01) Selbstdisziplin gelernt ....

Nadja – Du bist klein und hilflos (1. Berufswechsel Gespräch Wohnzimmer)
02) Überkompensation und Auffinden der wahren Stärke ....

Fritz – Du kannst dich nicht durchsetzen (Mainz, Kinderzimmer, werde geneckt)
03) lernen zu lieben ....

Pia – Du bist nervlich nicht ganz gesund (Schluckbeschwerden Zabaione)
04) Meditation und Lebensfreude gelernt ....

Christina – Du bist ein armer Junge (England)
05) dadurch stark und unabhängig von Meinung anderer ....

Herbert – Du bist ganz o. k., aber doch nicht zu 100 % (Dinkelstraße mit Freundin)
06) Wahrheit hinter Schein erkennen, aufwachen für die Wirklichkeit ....

Lichtertochter – Du bist ein Trottel (Mainz 1962)
07) lernen, frei zu werden von Manipulationen ....

Verwandtschaft in Hornberg – verdrängen, verkrampfen
08) absolute Aufrichtigkeit und die Kraft, Fesseln zu sprengen ....

Verwandtschaft I und H in Baden-Baden – prüde, Sex verdrängen
09) Kraft und Mut zur Klarheit und Wahrheit – Wahrheit hinter dem Schein erkennen

Jörg in Angermund – nimmt mich aus wie eine Weihnachtsgans – Gespräch über Darlehen in Mündelheim
10) clever werden ....

62

Arbeitsblatt 06
Zehn Menschen, die ich für etwas verantwortlich mache (machte).

Menschen und konkrete Situationen   Positiver Aspekt

01) ....

02) ....

03) ....

04) ....

05) ....

06) ....

07) ....

08) ....

09) ....

10) ....

Zehn Menschen, denen gegenüber ich mich schuldig fühle (fühlte).

Menschen und konkrete Situationen **Positiver Aspekt**

Fritz geärgert (Badewanne Homburg)
01) Durchsetzungsvermögen
....

Tina Probleme von mir erzählt, daraufhin konnte sie nicht schlafen (1984 Telefon Herbst)
02) lernen, Probleme anderer loszulassen, dem Leben zu vertrauen
....

Marita enttäuscht, weil ich sie habe sitzenlassen (Brief Herbst 1980)
03) selbständig werden
....

Maria »vor die Tür gesetzt« (Hängematte, sie kam von der Arbeit zurück)
04) Eigenverantwortlichkeit lernen
....

Kunden Friedhelm eine Immobilie verkauft, mit der er daraufhin Probleme hatte (Wohnzimmer)
05) er kann lernen, mit Freunden keine »speziellen« Geschäfte zu machen
....

Kunden Dick eine Wohnung verkauft, nach der Trennung hatte die Frau Probleme mit der Wohnung (Eßecke)
06) sie kann lernen, Dinge selbst in die Hand zu nehmen
....

Kunden Gabriel eine Wohnung verkauft, mit der er viel Verwaltungsärger hat (Herbst 1982 vor dem Gebäude)
07) er kann lernen, sich den Dingen endlich zu stellen
....

Alten Leuten teuer ein Trimm-dich-Gerät verkauft und später Schuldgefühle losgelassen
ich habe Freude gemacht, die Lieferung war frei Haus, und die alten Leute haben ihren Spaß daran (Duisburg-Werhahn 1977)
08) ....

Blinden (?) Jungen verhauen (Mainz 1963 vor der Bäckerei)
ich kann lernen, mich zu wehren, wenn ich geschlagen werde, und wenn ein Blinder mich aus heiterem Himmel schlägt, muß er mit Konsequenzen rechnen
09) ....

Durch meine Geburt in der ganzen Verwandtschaft ein Chaos angerichtet und allen finanzielle Probleme bereitet – das gehört zum kosmischen Plan, denn ich bin nicht auf der Welt, um »artig« zu sein. Letztendlich wurde so vieles Unterschwellige aufgedeckt und etwas »in Gang gesetzt«.
10) ....

Arbeitsblatt 07
Zehn Menschen, denen gegenüber ich mich schuldig fühle (fühlte).

Menschen und konkrete Situationen   Positiver Aspekt

01) ....

02) ....

03) ....

04) ....

05) ....

06) ....

07) ....

08) ....

09) ....

10) ....

EA – Erfolgserlebnisse ankern im Verzeihen, Verantworten, Schuld-Loslassen

Erlebnis   Erfolg

Verzeihen:

01) Tina erzählt mir den ganzen Tag lang, wie toll ich bin, und ruft dann nie mehr an – ich sehe sie auf einem Seminar wieder und kann sie voll akzeptieren.
....

02) Grafi brüllt mich am Telefon nieder – ich treffe ihn im Restaurant, gehe zu ihm und führe ein gutes Gespräch mit ihm.
....

03) Siglinde versucht, mich »anzumachen« am Telefon – ich halte trotzdem Kontakt zu ihr und bin beim nächsten Gespräch souverän und gelassen.
....

Verantworten:

01) Ich klaue eine Postkarte am Flughafen, um Rhea von ihren starren Moralvorstellungen zu befreien (Düsseldorf 1987).
....

02) Ich mache eine Verkäuferin im Schuhladen an, obwohl ein Geschäftskollege dabei ist (München, weiße Schuhe).
....

03) Ich halte ein Seminar von nur einer Stunde und berechne den vollen Tag, weil ich weiß, daß die Teilnehmer in dieser Stunde mehr bekommen haben an Leistung als sonst an einem ganzen Tag (Mannheim 1987).
....

Schuldgefühle loslassen:

01) Ich flirte mit einer zehn Jahre älteren Frau, Mutter von vier Kindern, und gehe mit ihr ins Bett.
....

02) Ich fahre mit der Freundin eines Seminarleiters in einem Jeep und greife ihr mit der Hand unter den Rock (Fuerteventura, Frühjahr 1987).
....

03) Ich sage Pia deutlich, was ich von ihrer Ehe halte, und bereite ihr damit eine schlaflose Nacht (Ibiza, Januar 1987).
....

Arbeitsblatt 08
EA – Erfolgserlebnisse ankern im Verzeihen, Verantworten, Schuld-Loslassen

Erlebnis   Erfolg

Verzeihen:

01) ....

02) ....

03) ....

Verantworten:

01) ....

02) ....

03) ....

Schuldgefühle loslassen:

01) ....

02) ....

03) ....

Ich vergesse alle Erwartungen und bin offen für die Wunder des Lebens

Erwartungen zu haben bietet keinen Vorteil!
Menschen ärgern sich, weil sie Erwartungen haben. Wenn du dich ärgerst, finde einmal heraus, wo sich deine Erwartung versteckt hat. Du wirst hinter jedem Ärger eine heimliche Erwartung finden. Warum hat man überhaupt Erwartungen? Mit Erwartungen will man sich eigentlich die Zukunft versüßen, sich auf etwas Schönes freuen. Leider geht die Strategie »Erwartungen haben« selten auf. Fast alle Erwartungen enden mit einer Enttäuschung (Befreiung von einer Täuschung): Die Chancen, daß das Leben deine Erwartungen erfüllt, stehen nämlich nur 1:99. Deshalb: **Erwarte nie etwas – und du wirst nie mehr enttäuscht.** Laß alle Erwartungen los – sie haben nichts als Unglück gebracht. Es geht hier nicht darum, Erwartungen herunterzuschrauben, es geht darum, zu vergessen, daß du jemals Erwartungen gehabt hast. Erwartungen sind die Scheuklappen des Lebens! Laß alle Erwartungen los, und du bist wieder offen für die Wunder des Lebens, erlebst immer wieder unberechenbares Glück und wirst laufend vom Leben beschenkt. Frage dich doch einmal: »Was ist das Geschenk des Lebens an mich heute?«

Beispiel 12:
Du bist Junggeselle und gehst abends in der Erwartung aus, eine tolle Frau kennenzulernen. Die hübschesten Frauen flanieren an dir vorüber, aber alle sind bereits in Begleitung. Neben dir sitzt ein interessanter Mann und prostet dir zu. Falsches Verhalten: Du bist sauer, weil du mit der Erwartung in die Stadt gefahren bist, daß du heute eine Frau kennenlernst. Richtiges Verhalten: Du vergißt deine Erwartung, eine Frau kennenzulernen, und fragst dich: »*Was ist das Geschenk des Lebens an mich jetzt?*« Dir fällt der Herr neben dir auf, du kommst mit ihm in Kontakt, und ihr knüpft eine interessante Geschäftsverbindung und wertvolle Freundschaft.

Ich handle absichtslos aus reiner Freude am Tun

Viele Menschen meinen, es würde sich auszahlen, berechnend zu sein. Sie handeln in einer ganz bestimmten Erwartung, verfolgen also ganz bestimmte Absichten. Allerdings bringt auch berechnend sein nichts als Ärger. Durch berechnendes Handeln Erfolg zu haben bedeutet nämlich, ständig Druck auf seine Umwelt auszuüben. Druck erzeugt allerdings immer Gegendruck, und das macht berechnendes Handeln so anstrengend, frustrierend und ärgerlich. Es gibt allerdings noch eine andere Methode, Erfolg zu haben: Nicht durch Druck, sondern durch Sog. **Du kannst Erfolg immer durch zwei Methoden erreichen: Durch Druck oder durch Sog.** Sog erzeugen bedeutet, absichtslos Nutzen zu bieten, einfach für andere dazusein (aber auch zuzugreifen, wenn das Leben mit einer Erfolgschance winkt). Wie funktioniert Erfolg durch Sog? Die anderen merken, daß sie bei dir etwas geschenkt bekommen, und fliegen dir zu wie die Motten dem Licht. Also: Handele nur noch ohne Hintergedanken. Arbeite nur noch aus reiner Freude am Tun – oder gar nicht. Tue nie mehr etwas, »um zu . . .«. Wenn du beispielsweise flirtest, dann flirte aus reiner Freude am Flirt, nicht um etwas zu erreichen. Der Flirt selbst ist das Geschenk – nicht das, was folgt. Sei einfach ein Geschenk für deinen Flirtpartner. Wenn du beispielsweise anderen hilfst, dann nur, wenn es dir Spaß macht, nicht um beim anderen etwas gutzuhaben.

Wenn etwas wert ist, überhaupt getan zu werden,
dann ist es auch wert, gut getan zu werden,
– und warum nicht auch mit Freude?

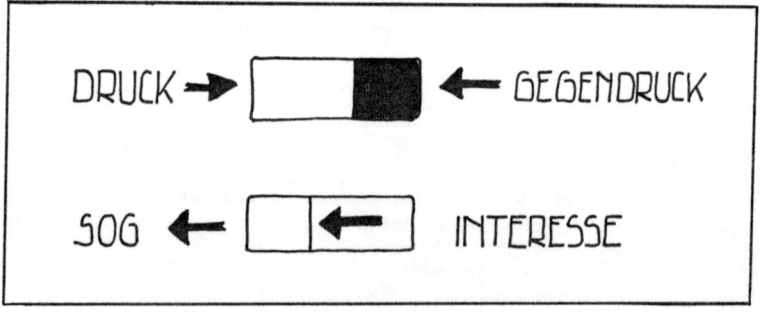

Beispiel 13:
Du gehst zu einem Kunden. Falsches Verhalten: Du hast die Absicht, etwas zu verkaufen. Der Kunde sieht deine »Fünfmarkstücke in den Augen« und ist dementsprechend reserviert. Am Ende des Gespräches bist du frustriert, weil du nicht zum Abschluß gekommen bist. Richtiges Verhalten: Du gehst zum Kunden und bist für ihn da. Der Kunde erkennt, daß du nicht gekommen bist, um ihm etwas zu nehmen, sondern ihm Nutzen zu bieten. Er kauft bei dir und empfiehlt dich weiter.

Beispiel 14:
Vor kurzem hast du einem Freund bei der Gartenarbeit geholfen. Nun hat deine eigene Wohnung einen gründlichen »Hausputz« nötig. Falsches Verhalten: Du erwartest, daß sich dein Freund für deine Hilfe in seinem Garten revanchiert. Du rufst deinen Freund an und fragst ihn, ob er dir beim Putzen hilft. Er lehnt ab. Du bist enttäuscht, ärgerst dich über ihn und kündigst ihm die Freundschaft. Richtiges Verhalten: Du fragst dich, ob es *für dich* in Ordnung ist, wenn du ihm hilfst, oder ob du das nur aus reiner Höflichkeit tust. Wenn es Höflichkeit ist, läßt du die Sache bleiben. Andernfalls akzeptierst du es, wenn dein Freund keinen Anlaß sieht, dir beim Hausputz zu helfen, um sich seinerseits für deine Hilfe zu revanchieren.

Ich begehre nichts und weise nichts zurück
Begehren ist ein anderes Wort für zwanghafte Erwartung. Dies wird deutlicher, wenn wir das Wort begehren durch das Wort begieren bzw. Gier ersetzen. Gier verursacht zwangsläufig Ärger und verhindert dauerhaftes Glück. Möglicherweise wirst du sagen, daß dich das gar nicht betrifft, weil du absolut frei von Gier lebst – aber mach einmal das Experiment, dich im Alltag zu beobachten. Bist du immer mit deiner Aufmerksamkeit in deiner inneren Mitte? Oder kommt es manchmal vor, daß du dich von »Sinnesreizen« wie schönen Frauen bzw. Männern, Essen, Luxusartikeln, Werbung zum »Haben-Wollen« oder »Haben-Müssen« verleiten läßt? Sobald du auf einen Sirenengesang hereinfällst, kommt der Giermechanismus in Gang: Die Gier redet dir ein: »Du brauchst das und das, das macht dich

glücklicher.« Das stimmt allerdings nicht, denn bevor du das Objekt deiner Gier gesehen hast, hast du dich ja ganz wohl gefühlt. **Gier gaukelt also einen Mangel vor, der in Wirklichkeit gar nicht vorhanden ist.** Gier ist sozusagen ein Betrüger, weil Gier nur noch mehr Gier schafft, aber nie wahre Erfüllung bietet. Ganz im Gegenteil: **Gier verhindert Erfüllung. Der Gierige benutzt Dinge, um dann selbst von ihnen benutzt zu werden.** Gier ist genauso überflüssig wie ein Blinddarm. Gier will immer genau das, was du im Augenblick nicht hast. Gier läßt dich hinter Fata Morganas herjagen. Wahres Glück kommt nicht vom Begehren, sondern vom liebevollen Akzeptieren. Reich ist, wer mehr hat, als er begehrt. Und arm ist, wer mehr begehrt, als er hat. Ein Chlochard auf der Straße kann – scheinbar völlig ohne Grund – glücklich sein, und ein Millionär kann – ohne ersichtlichen Grund – unter Depressionen leiden. Suchst du etwas, was dich glücklich macht, wirst du laufend frustriert. Bist du glücklich aus dir heraus, winkt dir die Welt zu. Suche also nie nach »Nehmen«, höchstens nach »Geben«. Suche, wo du Liebe *geben* kannst! Gib ohne Unterschied wie ein Kaiser, und die anderen suchen deine Nähe, um sich an dir zu wärmen wie Frierende an einem warmen Ofen.

**Was der Gierige sucht, ohne zu finden,
findet der Liebende, ohne zu suchen.**

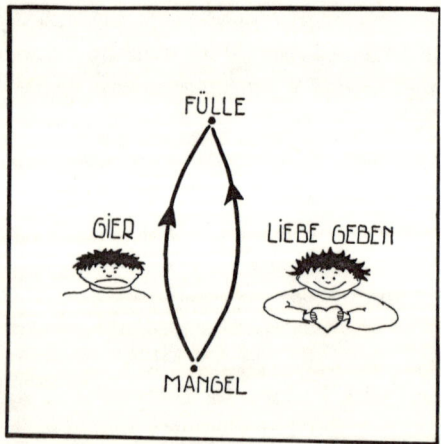

Gleichnis 04:
Wahre Heimat

Du bist zu Hause, wo du liebst,
wo du verschenkst, verströmst, vergibst,
wo du ins Dunkel Licht entsendest,
wo du beseelte Wärme spendest.

Du bist zu Hause, wo du stehst,
wo du geworden und vergehst,
bedeutungslos sind Zeit und Ort:
Das Licht der Liebe ist dein Hort.

Es ist das Meine und das Deine,
es ist die Fülle und das Eine,
woraus wir atmen, leben, streben,
und kann uns allen Heimat geben.

Ein bekannter geistiger Führer hat einmal gesagt: »**Opfere alles für deinen inneren Frieden – aber opfere deinen inneren Frieden für nichts.**« Sobald du Gier verspürst, richte deine Aufmerksamkeit nach innen. Verlasse die stürmische Brandung und gehe in die Tiefe. In jeder Gier liegt die Aufforderung, in deine Mitte zurückzukehren. Aus der Physik kennen wir das stabile Gleichgewicht und das labile Gleichgewicht. Befindet sich eine Kugel im labilen Gleichgewicht (z. B. auf einer Kuppel), so genügt bereits ein kleiner Anstoß, und die

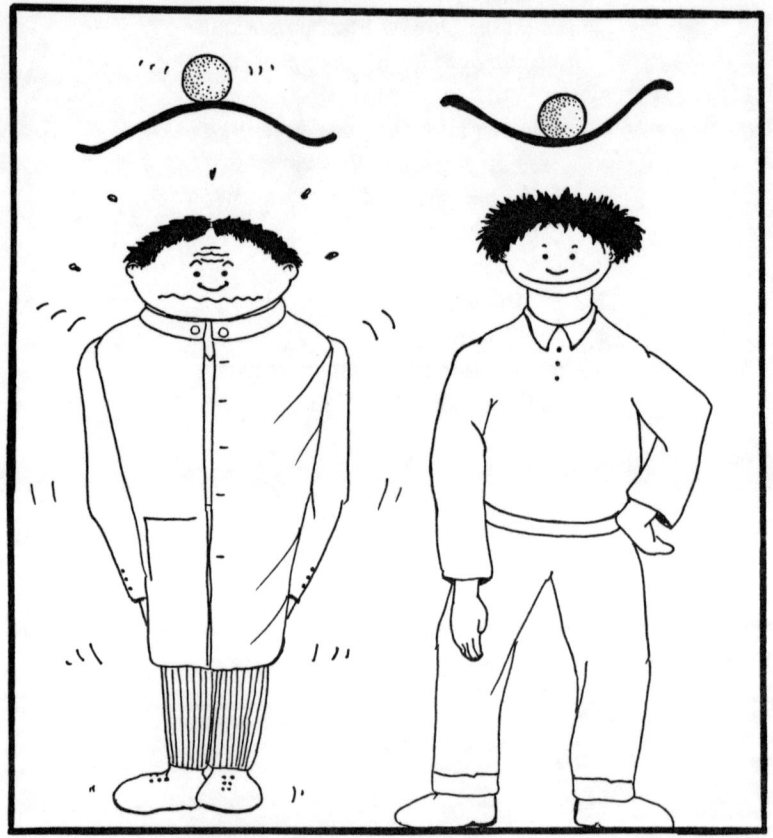

Kugel fällt herunter. Befindet sich die gleiche Kugel im stabilen Gleichgewicht (z. B. in einer Schale), hält sie selbst starken Bewegungen stand. Als Baby erlebten wir das stabile Gleichgewicht bei Stehaufmännchen und Babytassen. Im Yoga, Tai-Chi und bei den fernöstlichen Kampfsportarten ist das stabile Gleichgewicht oberstes Gebot. Mache Gier zum Auslöser, in deine innere Mitte zurückzukehren, und Wunder können in deinem Leben geschehen. Bevor du auf ein Gierobjekt (Luxusartikel, Frau, Alkohol . . .) reagierst, frage dich immer:

1. Bin ich in der richtigen Verfassung, um richtig zu entscheiden?
2. Ist er/sie/es in der richtigen Verfassung?
3. Gibt das Leben mir ein Signal zuzupacken?

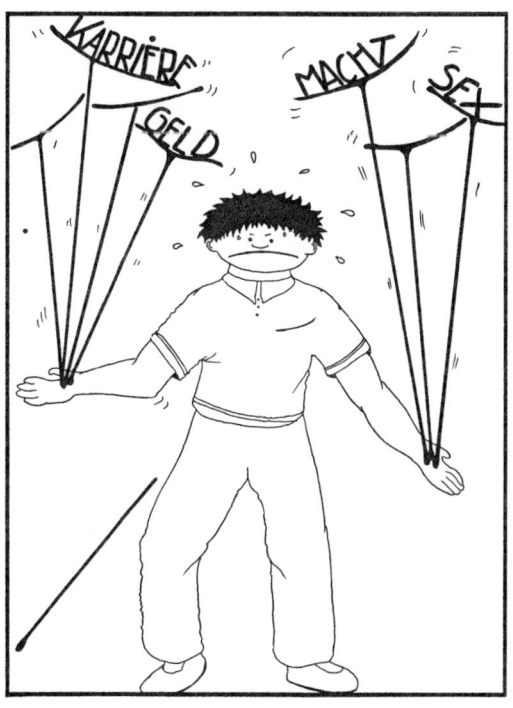

Beispiel 15:
Du siehst eine neue Stereoanlage und willst sie um jeden Preis haben. Du kaufst sie sofort und verschuldest dich, um sie zu bezahlen. Nach einer Woche ist sie dir schon wieder langweilig geworden. Daraufhin siehst du ein Auto und denkst: »Oh, das müßte ich haben.« Was ist passiert? Die Gier ist durch die Stereoanlage gar nicht verschwunden, sie hat dich nur benutzt und sich dann auf ein Folgeobjekt verlagert, um dich wie ein Blutsauger gleich weiter zu benutzen.

Ich bin wunschlos glücklich durch phantasievolles Loslassen
1. Schritt: Stelle dir die Erfüllung deines Begehrens vor
Stelle dir vor, du hättest das, was du begehrst, gerade bekommen, und fühle, wie das für dich ist.
2. Schritt: Beobachte dein Begehren wie ein Wissenschaftler.
Beobachte, woher dein Begehren kommt. Gehe zurück zur Quelle. Frage dich: »Who is talking?« in dem Sinne wie: »Wer redet mir das gerade ein?« Halte durch, bis das Begehren von selbst etwas anderem Platz macht. Halte durch – um jeden Preis – denn jedesmal, wenn du ein antrainiertes Verhaltensmuster durchbrochen hast, fühlst du ein ungeheures Glücksgefühl in dir aufsteigen.
3. Schritt: Laß los und wende dich deinem inneren Frieden zu.
Sobald das Begehren für dich uninteressant geworden ist (die »Ladung« abgeflaut ist), gibst du deine Phantasie in den geistigen Mülleimer, denkst »Löschen« (geistiges »Tipp-Ex«) und wendest dich deinem inneren Frieden zu. Jetzt bist du wieder offen für die Wunder des Lebens*. (Der indische Mystiker Satja Sai Baba empfiehlt sogar: »Wann immer du ein Begehren spürst, wandele dieses Begehren um in die Sehnsucht, Gott zu erleben.«) Phantasievolles Loslassen bietet drei wesentliche Vorteile:
  1) Du fühlst dich befriedigt (die Zwanghaftigkeit ist weg).
  2) Du ruhst wieder in deiner inneren Mitte.
  3) Du bist offen für die Wunder des Lebens.

---

* vgl. hierzu auch Dr. Volker Zotz, *Freiheit und Glück*, Buddhas Lehren für das tägliche Leben, erschienen im Verlag PETER ERD.

Beispiel 16:
Du sitzt im Restaurant und verspürst Gier nach einem riesigen Stück Torte, obwohl du weißt, daß die Torte eine »Peitsche« für deine Leber ist. Falsches Verhalten: Du verschlingst diese Torte, bekommst daraufhin Appetit auf eine zweite Torte, und nach drei Torten ist dir schlecht. Richtiges Verhalten: Du stellst dir vor, du hättest die Torte bereits gegessen, und sobald du ein angenehmes Sättigungsgefühl im Magen spürst, denkst du »Löschen« – und du lebst gesund. Solltest du doch nicht widerstehen können, dann laß dir eine Torte langsam auf der Zunge zergehen, genieße deine »Sünde«, statt Schuldgefühle zu haben, höre dann aber auf und verlasse am besten das Café.

Beispiel 17:
Du bist in einer Diskothek. Falsches Verhalten: Du willst unbedingt eine Dame bzw. einen Herrn kennenlernen. Dein Verstand sagte dir: »Oh, wenn ich diese Frau bzw. diesen Mann kennenlerne, dann geht es mir gut.« Der Reinfall ist vorprogrammiert: Entweder ihr lernt euch kennen, dann wäre es nie so schön, wie es dir die Gier vorgaukelt – oder aufgrund der Gier lernt ihr euch nicht kennen – dann wärst du ebenfalls enttäuscht. Richtiges Verhalten: Du stellst dir vor, du hättest sie bzw. ihn bereits kennengelernt, vielleicht sogar die Nacht mit ihm/ ihr verbracht. Sobald du zutiefst befriedigt bist, betätigst du dein geistiges »Tipp-Ex« und überläßt es dem Wunder des Lebens, ob es dir einen »heißen Abend« oder eine angenehme Nachtruhe schenkt. (Ein Trick zur Kontaktaufnahme: Prüfe vor jeder Kontaktaufnahme, ob der andere sich von dir angezogen fühlt, das heißt, ob du auch einen Sog auf ihn ausübst, oder ob dein Interesse einseitig ist. Im letzteren Fall kannst du dir viele Enttäuschungen ersparen.)

Experiment 3:

1) Notiere zu den Arbeitsblättern 09–12:
   Zehn Menschen, an die ich Erwartungen habe (hatte).
   Zehn allgemeine Erwartungen oder Hoffnungen, die ich habe (hatte).
   Zehn Dinge, auf die ich »gierig« bin (war).
   Zehn Absichten, die ich in meinem Leben verfolge (verfolgte).
2) »Ankere« auf dem Arbeitsblatt 13 zehn Erfolgserlebnisse im Loslassen von Erwartungen, Hoffnungen, Gier und Absichten und notiere jeweils hinter dem Erfolgserlebnis durch einen Kennbuchstaben, ob es ein Loslassen von Erwartungen (E), Hoffnungen (H), Gier (G) oder Absichten (A) war.
3) Mache eine Feuermeditation (siehe Experiment 1). Verbrenne die Blätter zu den Arbeitsbögen 9–12 und sage: »Ich lasse ab sofort alle Erwartungen los. Ich erwarte nichts mehr von anderen. Ich erwarte nichts mehr vom Leben. Ich lasse auch alle Hoffnungen los. Ich handele nur noch absichtslos. Ich vertraue dem Leben, und das Leben vertraut mir. Ich lasse auch die Vergangenheit los, denn ich habe es damals nicht besser gekonnt. Ich bin bereit, die Geschenke des Lebens anzunehmen, und bin offen für die Wunder des Lebens jetzt. Ich kann es, ich weiß es, ich schaffe es.« Beobachte in den nächsten Tagen, was geschieht.

Arbeitsblatt 9 (Muster):
Zehn Menschen, an die ich Erwartungen habe (hatte).

Menschen   Erwartungen

01) Bert – finanzielle und geistige Unterstützung ....

02) Ernst – werbliche Unterstützung durch Broschüre ....

03) Arnap – gute Zeichnungen für mein neues Buch ....

04) Dr. Kopf – Geld wegen des ausgefallenen Seminars ....

05) Dalilah – eine gute Beziehung ....

06) Angelique – schöne Tage in München ....

07) Martina – ein tolles Seminar ....

08) Erhard – Kompromißbereitschaft bei meinem neuen Buch ....

09) Tina – Zuwendung und Eigeninitiative, Aufwertung ....

10) Ursula – geistiges Vorbild ....

80

Arbeitsblatt 9
Zehn Menschen, an die ich Erwartungen habe (hatte).

Menschen   Erwartungen

01) ....

02) ....

03) ....

04) ....

05) ....

06) ....

07) ....

08) ....

09) ....

10) ....

Arbeitsblatt 10 (Muster):
Zehn allgemeine Erwartungen oder Hoffnungen, die ich habe (hatte).

01) Finanzielle Versorgung
....

02) Einen Partner für den Sex
....

03) Gesundheit
....

04) Eine schöne Wohnung
....

05) Urlaub/Weltreisen
....

06) Gutes Essen
....

07) Kurzurlaube am Wochenende nach Italien oder Schweiz
....

08) Interessante Begegnungen, das Leben als Abenteuer
....

09) Inneren Frieden
....

10) Liebe zu geben und zu empfangen
....

Arbeitsblatt 10
Zehn allgemeine Erwartungen oder Hoffnungen, die ich habe (hatte).

01) ....

02) ....

03) ....

04) ....

05) ....

06) ....

07) ....

08) ....

09) ....

10) ....

Arbeitsblatt 11:
Zehn Dinge, auf die ich gierig bin (war).

01) Süßigkeiten ....

02) Sex ....

03) Pommes frites ....

04) Liebe und Zärtlichkeit ....

05) Sonne und warmes Wetter ....

06) Schöne Frauen ....

07) Schmusen ....

08) Kurzurlaube, Skifahren ....

09) Gutes Essen ....

10) Komplimente ....

Arbeitsblatt 11:
Zehn Dinge, auf die ich gierig bin (war).

01) ....

02) ....

03) ....

04) ....

05) ....

06) ....

07) ....

08) ....

09) ....

10) ....

Arbeitsblatt 12:
Zehn Absichten, die ich verfolge (verfolgte).

01) Finanziellen Wohlstand ....

02) Die Welt verbessern ....

03) Menschen Liebe geben ....

04) Die Familie zu »retten« ....

05) Menschen unterrichten ....

06) Ein Netzwerk der Zusammenarbeit schaffen ....

07) Ein Narr in dieser Welt sein ....

08) Locker und leicht leben ....

09) Ein Führer sein durch Überzeugen ....

10) Gesund und einfach leben ....

Arbeitsblatt 12:
Zehn Absichten, die ich verfolge (verfolgte).

01) ....

02) ....

03) ....

04) ....

05) ....

06) ....

07) ....

08) ....

09) ....

10) ....

EA – Erfolgserlebnisse ankern im Loslassen von Erwartung, Gier, Absicht

01) »Flucht um die halbe Welt« – Sommer 87 (A) (Wien 1987)
....

02) Herbert sagt mir, daß er seine Freundin nicht abgibt – Homburg – Wohnzimmer abends (E)
....

03) Mimi verlangt Honorar von DM 10000 für eine Arbeit, die ich nicht nachprüfen kann – ich vertraue – abends in ihrem Zimmer (A)
....

04) Ich verschenke 250 Bücher – alle, die ich habe – Mülltonne Montagmorgen 1987 (G)
....

05) Mein Chef hat mir Geld versprochen. Er beichtet mir, daß er es nicht geben kann, weil er sonst seinen Job verliert – bei meinem Chef auf dem Speicher 1982 (G)
....

06) Ich arbeite mit einem Partner zusammen, obwohl er sich an der Wahrheit vorbei-mogelt bzw. den üblichen Konditionen – und fahre gut damit – Italien 1987 (E)
....

07) Ich veranstalte ein Seminar, nur eine Teilnehmerin kommt. Ich arbeite zwei volle Tage mit dieser Teilnehmerin und nehme nur die normale Kursgebühr – Hotel Deutscher Kaiser Frühjahr 1987 (A)
....

08) Ich empfange eine Bekannte einer Bekannten in der Erwartung, eine tolle Frau »vernaschen« zu können, und es kommt eine ernste Frau mit der Schönheit eines E. T., und ich bewirte sie wie eine Königin (E)
....

09) Ernst kommt nach langer Zeit wieder einmal nach München. Ich habe zahlreiche Pläne, was zu tun ist, aber als er da ist, gehe ich auf ihn ein und tue nur das, was für den Augenblick richtig ist (A)
....

10) Ich sage die Teilnahme an einem Seminar ab, weil ich spüre, daß das Ganze jetzt nicht »reinpaßt« und ich auch im Augenblick kein Seminar brauche (G)
....

Arbeitsblatt 13

EA -- Erfolgserlebnisse ankern im Loslassen von Erwartung, Gier, Absicht

01) ....

02) ....

03) ....

04) ....

05) ....

06) ....

07) ....

08) ....

09) ....

10) ....

LEKTION 4:

Mit den Reaktionen der anderen habe ich nichts zu tun

Ich bin unabhängig von Lob und Kritik
Viele Menschen ärgern sich, wenn man an ihnen herumkritisiert. Warum kritisiert man an Menschen herum? Aus dem gleichen Grund, aus dem man sie lobt: Man möchte den anderen zu einem erwünschten Verhalten beeinflussen. Lob und Kritik sind also nichts anderes als Versuche, dich zu manipulieren, zu steuern wie eine Marionette. Viele Menschen neigen dazu, sich nach Kritik miserabel, aber nach Lob hervorragend zu fühlen, und verhalten sich deshalb so, daß sie möglichst oft gelobt werden. Sie merken dabei nicht einmal, daß sie sich damit zum Hampelmann der anderen machen. Für deine persönliche Freiheit ist es deshalb ungeheuer wichtig, unabhängig zu werden von Lob und Kritik. Wie soll man reagieren, wenn man kritisiert wird? Nachfolgend erst einmal 5 typische Fehlreaktionen, wie es nicht geht:
1. den Schwanz einziehen und die Kritik schlucken (s. Lektion 2)
2. herumschreien und zurückschlagen (s. Lektion 2)
3. den Schuldigen finden bzw. sich entschuldigen (s. Lektion 2)
4. sich rechtfertigen
5. darüber diskutieren, was »man tut«

Ich brauche mich nie mehr rechtfertigen!
Der »Herr Rechtsverdreher« meint: »Wenn ich mich rechtfertige und so den anderen ins Unrecht setze, nimmt der andere seine Kritik zurück, und mir geht es wieder gut.« Die Wahrheit ist: »**Wer sich rechtfertigt, verteidigt den »Käse« von gestern.**« (Peter Volke, Verhaltenstrainer München). Nur selten wird dir der andere recht geben. In der Regel endet jede Rechtfertigung mit einem Streit. Bald traut sich keiner mehr, dir die Wahrheit »ins Gesicht« zu sagen, und du kannst keinem mehr vertrauen. Oft ist eine Rechtfertigung schon deshalb sinnlos, weil beide recht haben: Die Beanstandung ist aus der Sicht des

Kritikers berechtigt und aus der Sicht des Kritisierten unberechtigt. In solchen Fällen ist es sinnlos, den anderen überzeugen zu wollen. Du kannst einfach sagen: »Für mich ist es in Ordnung, wie ich mich verhalten habe, aber ich akzeptiere, daß du es nicht in Ordnung findest.« Sei dankbar, wenn der andere dir seine Gefühle und Gedanken offenbart, dann weißt du, woran du bist. Also: Rechtfertige dich nie mehr, frage besser: **»Was tun wir jetzt?«**

Beispiel 18:
Du kommst zu einer Verabredung zu spät. Falsches Verhalten: Du rechtfertigst dich ausschweifend: »Ich bin völlig gestreßt! Ein Laster stand quer auf der Straße, dann waren hintereinander drei Ampeln rot, und schließlich war die Fahrbahn noch von einer Kuhherde blockiert . . .« Richtiges Verhalten: »Ich akzeptiere, daß Sie verärgert sind. Nun, was können wir jetzt tun?«

Ich diskutiere nie mehr darüber, was man tut

Der »Herr Quatschkopf« diskutiert darüber, was »man« tut, und glaubt, dadurch fände die Auseinandersetzung auf einer ungefährlichen Ebene statt. Die Wahrheit ist: Allgemeinplätze und Verallgemeinerungen töten jede zwischenmenschliche Begegnung. Außerdem sind Diskussionen reine Energieverschwendung: Weder kannst du den anderen überzeugen, noch kann der andere dich überzeugen. Es gibt nämlich keine Norm, was man tun sollte. Wir alle sind so unterschiedlich wie die Schneeflocken. Es gibt so viele unterschiedliche Meinungen, wie es Menschen gibt. Eine Koexistenz von mehreren Milliarden Individuen ist deshalb nur möglich, wenn man die unterschiedlichsten Standpunkte akzeptiert. Höre auch deinerseits auf, andere maßregeln oder ändern zu wollen. Es klappt nicht. Sobald du das akzeptiert hast, fällt eine schwere Last (und viel Ärger) von dir ab. Laß also alle Normen und Maßregelungen fallen.

Wie macht man London zur saubersten Stadt der Welt?
– Indem jeder vor seiner eigenen Türe kehrt.

Beispiel 19:
Dein Nachbar hört sehr laute Musik. Du möchtest deinen Mittags-
schlaf halten und kannst bei dem Lärm kein Auge zumachen. Falsches
Verhalten: Bei Gelegenheit diskutierst du mit deinem Nachbarn, wie
man sich als Hausbewohner verhalten sollte: »Nachbarn sollten eigentlich aufeinander Rücksicht nehmen. Dabei ist Ruhe oberstes Gebot. Wer laute Musik macht, beweist damit, daß er ein rücksichtsloser
Mensch ist.« Richtiges Verhalten: Du läutest bei deinem Nachbar an
der Tür und sagst: »Die Musik ist laut. Ich möchte gerne meinen Mit-
tagsschlaf halten und fühle mich dabei gestört. Bitte stellen Sie die
Musik etwas leiser.«

Gleichnis 05:
Du hast angefangen! – Nein, du!

Es war einmal ein blauer Kerl, der lebte an der Westseite eines Berges,
wo die Sonne untergeht. Und an der Ostseite, wo die Sonne aufgeht, da
lebte ein roter Kerl. Manchmal redeten die beiden Kerle miteinander
durch ein Loch im Berg. Aber gesehen haben sie sich noch nie. Eines
Abends rief der Blaue durch das Loch: »*Siehst du, wie schön das ist? Die*
Sonne geht unter. Der Tag geht.« »*Der Tag geht?*« *rief der Rote zurück.*
»*Du willst wohl sagen, daß die Nacht kommt, du Schmarrer!*« »*Sag*
doch nicht Schmarrer zu mir, du Holzkopf!« *fauchte der Blaue und war*
so sauer, daß er kaum schlafen konnte. Der rote Kerl ärgerte sich auch so
sehr, daß er genauso schlecht schlief. Am nächsten Morgen schrie der
Blaue durch das Loch: »*Wach auf, du Dummkopf, die Nacht geht!*«
»*Erzähl keinen Quatsch, du Spatzenhirn!*« *schrie der Rote.* »*Die Nacht*
geht doch nicht, der Tag kommt.« *Dann packte er einen Stein und warf*
ihn über den Berg. »*Daneben, du fetter Doofsack*«, *rief der blaue Kerl*
und warf einen größeren Stein zurück. Im Laufe der Zeit wurden die
Steine immer größer und größer und die Schimpfworte immer schlim-
mer und schlimmer. Den beiden Kerlen machte das nichts, aber der Berg
war bald in Stücke geschlagen. Eines Tages zerschmetterte ein Brocken
den Rest ihrer Welt, des Berges – und die beiden Kerle sahen sich zum
ersten Mal. Das geschah gerade, als die Sonne unterging. »*Unglaub-*
lich«, *sagte der Blaue und ließ seinen Felsbrocken fallen.* »*Die Nacht*
kommt. Du hast recht gehabt.« »*Toll*«, *staunte der Rote und ließ auch*
seinen Brocken fallen. »*Du hast recht gehabt, der Tag geht.*« *Die beiden*
Kerle trafen sich in der Mitte der Verwüstung, die sie angerichtet hat-
ten, und schauten zu, wie die Nacht kam und der Tag ging. »*Das hat*
Spaß gemacht«, *grinste der blaue Kerl.* »*Ja*«, *kicherte der rote Kerl.*
»*Nur schade um den Berg. Möge es anderen Kerlen eine Warnung*
sein.«

Ich gehe aus jeder Kritik gestärkt hervor
Es gibt eine Methode, mit Kritik so umzugehen, daß du aus jedem Kritikgespräch *gestärkt* hervorgehst, die »drei goldenen Schlüssel für den Umgang mit Kritik«:

1. Pfeife darauf, was andere von dir halten.
2. Prüfe nur, ob die Kritik sachlich berechtigt ist.
3. Tue, was zu tun ist, und vergiß, was gewesen ist.

Ich pfeife darauf, was andere von mir halten
Kritik ist nur die Meinung eines anderen, und die kann richtig oder falsch sein.

Galilei war Naturwissenschaftler und fand heraus, daß sich die Erde um die Sonne dreht und nicht umgekehrt, wie man bis dahin angenommen hatte. Er wurde vor die Wahl gestellt, zu sterben oder seine Entdeckung zu widerrufen. Galilei entschied sich für das Leben, aber auf dem Sterbebett bekannte er: »Und sie bewegt sich doch.« Die Erde interessiert sich nicht dafür, ob die Menschen *meinen*, sie bewege sich.

Der Wirklichkeit ist gleich, ob wir an sie glauben oder nicht. Die Wirklichkeit heißt Wirklichkeit, weil sie wirkt. Ihr ist egal, ob du sie magst oder nicht. Lob und Kritik verändern nicht die Wirklichkeit. Lob und Kritik machen dich weder besser noch schlechter, als du wirklich bist. Wenn die ganze Welt zu dir »Hurra« schreit, wirst *du* durch diese Bestätigung nicht besser. Und wenn die ganze Welt »Pfui« schreit, wirst *du* durch diese Kritik nicht schlechter.

Am Palmsonntag feierten die Massen Jesus, und nur wenige Tage später schrien sie: »Ans Kreuz mit ihm.«

Vielleicht bist du als Kind kritisiert worden mit dem Argument: »Was sollen denn die anderen von dir denken?« Na ja, irgend etwas werden sie schon von dir denken – aber willst du dich davon abhängig machen? Pfeife darauf, was andere von dir halten. **Mache dein Glücksgefühl nie davon abhängig, ob andere dich gut finden.** Höre auch auf, andere zu fragen, was gut und richtig ist. Die anderen haben nämlich keine Ahnung von deinem Leben – sie haben genug damit zu tun, ihr eigenes Leben in Ordnung zu halten. Frage nur dich selbst, was du tun sollst, und du lebst in märchenhafter Freiheit.*

Ist das Image erst mal flöten
– lebt man, ohne zu erröten.

Ich prüfe, ob die Kritik sachlich berechtigt ist

Vergiß alle psychologischen Bewertungen, die im Zusammenhang mit Kritik möglicherweise in dir auftauchen (zum Beispiel: »Ich bin nicht in Ordnung«, »Ich bin minderwertig«, »Man mag mich nicht«). Vergiß sie einfach! Niemand weiß, wie du wirklich bist. Die Kritik bezieht sich nur auf ein einziges Verhalten, und das gilt es zu prüfen. Schaue dabei nie, *wer* die Kritik vorbringt, denn: Eine Wahrheit bleibt eine Wahrheit, auch wenn sie ein Betrunkener ausspricht. Eine Lüge bleibt eine Lüge, auch wenn sie von einem Weisen ausgesprochen wird. **Trenne die Botschaft vom Botschafter.** Schau auch nicht auf die Form der Kritik: Die Form der Kritik ist eine Frage der Erziehung des anderen – damit hast du nichts zu tun. Ist der andere unhöflich, halte dir vor Augen: Du bist gar nicht gemeint. Der andere hat *sich* gemeint, denn ein altes Kinderwort sagt: »Was man sagt, das ist man selbst.« Prüfe also nur, ob die Kritik sachlich berechtigt ist. Ist die Kritik sachlich berechtigt, kannst du dem anderen dankbar sein, denn er hat dir einen wertvollen Tip gegeben. Ist die Kritik sachlich nicht berechtigt, hat sich der andere einfach nur geirrt, und jeder Mensch hat das Recht, sich zu irren. In diesem Fall kannst du dem anderen auch dankbar sein, denn er hat dir geholfen, dich in deiner Meinung zu festigen.

Ich tue, was zu tun ist, und vergesse, was gewesen ist

Entscheide, ob du der Kritik folgen willst oder nicht. Nachdem du dich entschieden hast, denke nie mehr über die Kritik nach. Folge der Kritik oder folge ihr nicht, aber vergiß dann sofort, was gewesen ist. Wende dich neuen Arbeiten zu.

---

* vgl. auch Alfred R. Stielau-Pallas, *Märchenhafte Freiheit*, Verlag PETER ERD.

Beispiel 20:
Du bist Journalist. In einem Restaurant sitzt an deinem Tisch ein Fremder, der eine Zeitung liest. Plötzlich sagt er zu dir: »Schau dir mal die Schmiere an, die dieser Tintenkleckser wieder verbrochen hat.« Falsches Verhalten: Du verstehst: »Jeder Journalist ist ein Tintenkleckser. Ich bin Journalist, also bin ich ein Idiot. Genau das hat mein Vater damals zu mir gesagt. Und mein Lehrer, den ich sowieso nicht leiden konnte. Na warte, dem zeig ich's!« und brichst einen Mordskrach vom Zaun. Richtiges Verhalten: Du erkennst: *Der andere* hat mit einem Artikel, den zufällig irgendein Kollege geschrieben hat, Schwierigkeiten und scheint eine persönliche Erfahrung zu verallgemeinern. Du fragst ganz sachlich: »Ich kenne den Artikel nicht, aber wie hätte er denn Ihrer Meinung nach verfaßt werden sollen?«

97

Ich genieße es, unberechenbar zu sein

Oft wird man kritisiert und ärgert sich, weil man sein Wort nicht gehalten hat. Mach dir deshalb keine Sorgen: Jeder einigermaßen bewußte Mensch ist unberechenbar, denn das Leben selbst ist auch unberechenbar. Gib deshalb dein Wort so selten wie möglich. Wenn du aber einmal dein Wort gegeben hast, dann tue auch einiges dafür, daß du es einhalten kannst, lasse also keine billigen Ausreden gelten. Viele Menschen verketten sich gegenseitig in festen Zusagen, Tabus und Moral. Sie halten andere an dieser Kette und lassen ihrerseits zu, daß andere sie an dieser Kette festhalten. Jeder paßt auf, daß der andere sich nicht zuviel Freiheit herausnimmt – statt sich gegenseitig soviel Freiheit wie möglich zu lassen. Gönne dir ruhig »märchenhafte Freiheit« – und du befreist auch andere aus ihren »Maulwurfshügeln«.

Ich habe eine sportliche Einstellung zu Konfrontationen

Ein häufiges Ärgernis ist die Konfrontation. Eine Konfrontation ist eine Kritik, die so deutlich geäußert wird, daß du dich nicht daran vorbeimogeln kannst. Um eine Konfrontation zu meistern, ist es wichtig, daß du sie positiv siehst: Eine Konfrontation ist immer eine Chance zur Begegnung, eine Chance, dich durch den anderen selbst zu erfahren, eine Chance, die Maske abzulegen. Du kannst diese Chance nutzen oder nicht – es liegt an dir. Was im Leben einengt, sind unausgelebte Konfrontationen. Sobald du eine sportliche Einstellung zu Konfrontationen gewinnst, erkennst du in jedem, der dich konfrontiert, einen Privattrainer, der dein Bewußtsein testet. Also: Gehe keiner Konfrontation aus dem Weg – das hast du nicht nötig. Im Gegenteil: Konfrontiere die Menschen wieder – aber nicht mit Aggression, sondern mit deiner Liebe, deinem Verständnis und deiner Klarheit. Konfrontiere die Menschen – aber nicht mit dem, was dich von ihnen trennt, sondern mit dem, was euch eint. Also: Lerne zu kommunizieren (lat. das Gemeinsame finden).

Gleichnis 06:
Projektionen

Ein Mann will ein Bild aufhängen. Den Nagel hat er, aber nicht den Hammer. Daraufhin beschließt unser Mann, hinüberzugehen zum Nachbarn, um sich dort einen Hammer zu borgen. Auf dem Weg zum Nachbarn kommen ihm allerdings Zweifel: »Was, wenn der Nachbar mir den Hammer nicht leihen will? Gestern grüßte er mich nur so flüchtig – vielleicht hat er etwas gegen mich? Und was – was soll ich ihm getan haben. Wenn sich von mir jemand einen Hammer leihen wollte, ich gäbe ihn ihm sofort – und warum er nicht? Wie kann man einem Mann einen so einfachen Wunsch abschlagen – eine Rücksichtslosigkeit ist das.« Und während er so vor sich hersinniert, kommt er an beim Nachbarn, läutet, doch bevor der Nachbar etwas sagen kann, faucht er ihn an: »Behalten Sie doch Ihren Hammer, Sie Rüpel.«

Ich höre auf, das Verhalten der anderen auf mich zu projizieren
Den Chinesen haben wir die alte taoistische Bewegungsmeditation und Kampfsportart »Tai Chi« zu verdanken. Ihr liegt der Grundsatz zugrunde, daß du jede Energie für dich nutzen kannst, egal ob sie von einem Freund kommt oder von einem »Feind«. Im Klartext: Richtet ein Gegner in einer Konfrontation ein Energiepotential von 9 gegen dich, und du hast ein Energiepotential von 1, überwindest du den Gegner mit der Kraft $9 + 1 = 10$.

Wie kannst du das Gesetz des »Tai Chi« im Alltag nutzen? Der erste Schritt ist, sich in Konfrontationen bewußtzumachen, daß alles, was im anderen abläuft, *sein* »Programm« ist und mit dir nichts zu tun hat. Jeder andere, der die gleichen »Knöpfe drückt«, würde bei ihm das gleiche Verhalten auslösen. Also: Höre auf, die Reaktionen der anderen auf dich zu projizieren. Halte dich aus dem Spiel. Um dich geht es gar nicht. Du bist gar nicht gemeint!

Sobald du das erkannt hast, gehe den zweiten Schritt: Unterscheide die Energie der anderen nicht mehr nach »feindlich« und »freundlich«. Energie ist Energie, genauso, wie Licht Licht ist. Ab sofort unterscheidest du Energie nur noch in viel Energie und wenig Energie. Du änderst also deine Unterscheidungskriterien. Das ist etwa so, als wenn du Socken und Unterhosen aus der einen Schublade und Krawatten und Unterhemden aus der anderen Schublade auf einen Haufen wirfst und neu sortierst: In die eine Schublade Socken und Krawatten, in die andere Unterhemden und Unterhosen. Oder ein anderes Beispiel: Früher warst du Vermögensberater und hast deine Kunden in reich und arm unterschieden. Heute bist du Lebensberater und unterscheidest die Menschen in solche, die an sich arbeiten möchten, und solche, die nicht an sich arbeiten möchten. Sobald du Energie nicht mehr nach »feindlich« und »freundlich« unterscheidest, nährt dich jede Attacke mit reiner Vitalenergie. Attacken sind dann nichts anderes als Energiegeschenke des Lebens. Denke also bei Attacken immer nur: »Der baut mich auf, der gibt mir juice (juice = engl. Saft, Lebenssaft). In Zukunft füttert jeder deine Batterie, der Aggressionen auf dich wirft. Möglicherweise will dir der andere mit seiner Energie schaden – aber was geht dich das an? Baue dir ein schönes Haus aus den Steinen, die er dir in den Weg legt. Eine Bitte: Freue dich über den »juice«, aber gib nur dann etwas zurück, wenn es für den anderen hilfreich ist. Wenn der andere noch nicht soweit ist und deine Energie als »feindlich« einstuft, kann eine Konfrontation mit dir so sein, als wenn er eine Starkstromleitung anfaßt, denn er wird ja mit deiner ganzen Vitalenergie konfrontiert, und die wird (wenn du den Ratschlägen dieses Buches folgst) nicht von Pappe sein. Also: Gib deine Energie möglichst *liebevoll* weiter. Du bist verantwortlich, wenn der andere eine gewischt bekommt und darunter leidet.

Ich bin ein geistiges Superkraftwerk durch »Konfrontations-Tai-Chi«
Stell dir vor, du wärst mit einem Energievorrat von 10 000 »Mark« auf
die Welt gekommen. Nehmen wir an, daß du täglich etwa 100 Einheiten Lebenskraft durch Atmen, Ernährung und positive Gedanken
aufnimmst. Durch Ärger und Konfrontationen gibst du 125 Einheiten
pro Tag wieder aus. Um mit Ärger und Konfrontationen überhaupt
fertig zu werden, mußt du ständig dein »Mark« angreifen, indem du
dir Vitalität von deinem Vorrat borgst. Dies führt mit der Zeit zu geistiger und körperlicher Erschöpfung und vorzeitigem Altern. Wenn
du »Konfrontations-Tai-Chi« übst, das heißt *jede* Energie *für* dich
nutzt, nimmst du täglich 100 Einheiten an Atem, Ernährung und positiven Gedanken auf und bereicherst dich zusätzlich um 125 Einheiten,
statt sie wie bisher in Form von Ärger und negativ verlaufenen Konfrontationen auszugeben. Du erhältst also einen Zugewinn von 225
Vitalitätseinheiten pro Tag und entwickelst dich zu einem »geistigen
Superkraftwerk«.

Gleichnis 07:
Das Traumfresserchen

In Schlummerland ist das Wichtigste für alle Leute das Schlafen. Dabei kommt es aber nicht so sehr darauf an, wieviel oder wie lange einer schlafen kann, sondern wie gut. In Schlummerland gab es eine Prinzessin, die fürchtete sich immer vorm Einschlafen, weil sie böse Träume hatte. Der König ging besorgt um die ganze Welt und suchte überall nach einem Mittel gegen böse Träume. In einer verzweifelten Nacht sah er auf einer Heide ein Stück Mondlicht funkeln, und als er näher kam, sah er, daß dieses Stück Mondlicht Arme und Beine hatte und einen Kopf voller Stacheln wie ein Igel. »Ich habe mich verirrt«, sagte der König, »bitte sag mir, wie ich wieder aus dieser Heide hinausfinde.« »Hier findet niemand hinaus«, antwortete das Männchen, »außer mit mir gemeinsam. Und ich kann nur fort, wenn mich jemand zum Essen einlädt.« »Was frißt du denn?« fragte der König. »Ich fresse Träume«, sagte das Traumfresserchen, »je böser desto lieber und je mehr desto besser.« »Und die ganzen schönen Träume?« – »Die mag ich nicht«, sagte das Traumfresserchen, »weißt du nicht, daß Igel am liebsten Schlangen und Schnecken essen? Ich bin sozusagen ein Traumigel.« »Aber warum kommst du nicht von alleine?« fragte der König. »Ich kann nur kommen, wenn man mich einlädt! Und ich nehme nur, was man mir schenkt.« Flugs flogen sie beide zur kleinen Prinzessin und fielen sich alle drei vor Freude in die Arme und waren glücklich ein Leben lang.

Sei auch du ein »Traumfresserchen« – lerne, negative Energie zu transformieren – übe dich in »Konfrontations-Tai-Chi«!

Ich teile Kritik und Gefühle mit – aber konstruktiv

Oft ärgert man sich, weil man sich unverstanden fühlt. Dagegen gibt es nur ein Heilmittel: Sich mitteilen! Warum teilt man sich oft nicht mit? Weil man Angst vor den Reaktionen des anderen hat. Der Preis für nicht mitteilen ist hoch: Man tauscht jahrelangen Frust und Ärger gegen das Risiko, daß der andere einmal explodieren, verschnupft oder enttäuscht sein könnte. Dein Zurückhalten ist ohnehin nur ein Aufschieben, denn jemand, der dazu neigt, zu explodieren, verschnupft oder enttäuscht zu sein, wird ohnedies bald wieder explodieren, verschnupft oder enttäuscht sein – es ist nur eine Frage der Zeit. Inzwischen weißt du, daß du mit den Reaktionen der anderen nichts zu tun hast, und kannst daraus die Kraft schöpfen, dich mitzuteilen (miteinander teilen). Dann weiß der andere wenigstens, wo du stehst, und du brauchst dir nicht den Vorwurf machen, etwas zurückgehalten zu haben. Darüber hinaus bietest du durch Mitteilen dem anderen die Chance, etwas zu ändern. Also: Sage klipp und klar, was du empfindest und was mit dir los ist, denn nur so wirst du verstanden. Zurückhaltung geht immer auf Kosten der eigenen Gesundheit und des eigenen Wohlbefindens. Verleihe deinen Gefühlen mehr Ausdruck! Verwahre dich gegen Eingriffe in deine Freiheit mutig, souverän und ärgerfrei. Ein alter ZEN-Koan lautet: **»Nimm dich wichtig, ohne dich wichtig zu nehmen.«** Habe den Mut, zu deinen Gefühlen zu stehen! Teile deine Gefühle mit – aber rechne nicht damit, verstanden zu werden. Lerne, dich aggressionsfrei durchzusetzen. Beschwöre nichts herauf, kneife aber auch vor nichts. Wenn du kritisierst, behandle den anderen immer mit Respekt, denn wer sich nur bei anderen beschwert, »be-schwert« sich nur selbst. Diskutiere nie über Meinungen und Normen, und hüte dich davor, Ratschläge zu geben, die du selbst nicht befolgst. Kritisiere immer nur die Tat, nie den ganzen Menschen. Zwinge also den anderen nie in eine Schablone, sondern versetze dich jedesmal neu in seine Lage. Hemmingway sagte einmal:

»Der einzige Mensch, der sich vernünftig verhält,
ist mein Schneider.
Er nimmt jedes Mal neu Maß, wenn er mich sieht.«

Beispiel 21:
Du bist beim Zahnarzt zur Zahnbehandlung. Der Zahnarzt läßt die Behandlung durch die Assistentin durchführen. Die Assistentin macht ihre Arbeit nervös, mit zittrigen Fingern und versucht noch dabei, dich herumzukommandieren. Nach der Behandlung kommt der Zahnarzt und fragt: »Na, wie war's?« Falsches Verhalten: Du antwortest kleinlaut »Ja, es geht schon wieder«. Richtiges Verhalten: Du sagst mutig die Wahrheit: »Es hat mir nicht gefallen. Ich möchte in Zukunft von Ihnen persönlich behandelt werden – oder gar nicht.« Wenn die Assistentin hinterher dich »anmotzt«, kannst du ihr souverän antworten: »Ich muß es Ihnen einfach sagen, daß mir die Behandlung bei Ihnen nicht gefallen hat. Das soll nichts gegen Sie als Person bedeuten, aber ich würde es toll finden, wenn Sie die Courage hätten, sich von Ihrem Chef genau zeigen zu lassen, wie man es macht. Vergessen Sie aber bei allen Differenzen nicht, daß ich Sie als Menschen so akzeptiere, wie Sie sind.« Du hast nichts anderes getan, als der Zahnarztassistentin eine Lernchance gegeben – und Hunderte von späteren Patienten können dir dankbar sein, wenn sie nicht mehr unter der schlechten Behandlung leiden müssen. Eine positive Persönlichkeit wird es auch akzeptieren, wenn sie scharf kritisiert wird – wenn nicht, kannst du ihr ja dieses Buch empfehlen.

Ich lasse mich nie mehr in negative Gespräche verwickeln
Oft ärgert man sich, weil andere so negativ reden. In dem Fall konfrontiere die anderen mit deiner Ablehnung, dich in negative Gespräche verwickeln zu lassen. Versuche aber, die anderen zu verstehen. Schlage ihnen also deinen Standpunkt nicht wie einen nassen Lappen um die Ohren, sondern halte ihn hin wie einen Mantel, in den sie hineinschlüpfen können. Dann machst du ihnen mit deiner Kritik ein Geschenk. Erwarte aber nicht, daß sie es auch annehmen. Sei also kein Richter, sondern ein Aufrichter. Dr. Murphy, der Urvater des positiven Denkens, sagt: »Andere aufzubauen, ist der einfachste Weg, von anderen aufgebaut zu werden.«

»To be a lifter is the easiest way to be lifted«

105

Beispiel 22:
Ein Freund sagt zu dir: »Hast du schon gehört, unser Dozent hat das ganze Seminar über nur mit Petra geflirtet, anstatt sich um die anderen Teilnehmer zu kümmern – und das soll ein Vorbild sein, ich finde . . .« Richtiges Verhalten: Kein Kommentar, kein »In-Schutz-Nehmen«, sondern den anderen konfrontieren: »Warum sagst du mir das?« Vielleicht antwortet der andere: »Ja, man wird doch mal tratschen dürfen . . .« Dann weise ihn liebevoll und bestimmt in seine Schranken: »Natürlich kannst du tratschen, aber nicht bei mir. Ich bin nur an positiven Gesprächen interessiert!«

Gleichnis 08:
Eine Weisheit von Sokrates:

*»Ein Mensch sollte seine Worte nur
zu drei Dingen gebrauchen:
zu helfen,
zu danken,
zu segnen.«*

*Prüfe immer wieder:
Warum spreche ich gerade?
Wofür spreche ich gerade?
Wie spreche ich gerade?
Ist es für den anderen bestimmt?
Ist es wahr?
Ist es hilfreich?*

Ich setze meine Körpersprache bewußt ein

Gute Körpersprache ist eine Grundvoraussetzung, um Konfrontationen zu meistern. Wichtig ist, daß die Körpersprache natürlich ist. Es kommt also darauf an, daß die Körpersprache »paßt«, das heißt, daß das, was du mit Worten sagen willst, übereinstimmt mit dem, was du mit dem Körper ausdrückst. Übe einmal gespielte Konfrontationen vor dem Spiegel und beobachte deine Körpersprache. Im Alltag wirst du erkennen, daß eine bestimmte seelische Verfassung automatisch deinen Körper in eine bestimmte Haltung bringt. Ein Beispiel: Man fühlt sich durch einen Menschen bedrängt – schon geht der Oberkörper nach hinten, und die Arme verschränken sich vor der Brust. In seinem Buch »Der Körper lügt nicht« zeigt Prof. Diamond, daß man umgekehrt durch das bewußte Einnehmen einer ganz bestimmten Körperhaltung seine seelische Verfassung verändern kann. Ein Beispiel: Man fühlt sich bedrückt – der Körper sitzt zusammengesunken auf dem Stuhl. Dann richtet man den Oberkörper auf, so daß die Thymusdrüse nach oben zeigt, und schon bessert sich die Gemütslage. Indische Eingeweihte benutzen für ihre Meditation sogenannte »Mudras«. Mudras sind ganz bestimmte Gesten, die erfahrungsgemäß eine ganz bestimmte seelische Verfassung hervorrufen, zum Beispiel das »Mudra der Gelassenheit« oder das »Mudra der Anmut«. Die bekanntesten Mudras können wir den Statuen und Bildern von Gautama Buddha entnehmen. In Westeuropa kennen wir die gefalteten Hände, aber auch das freudige Ausbreiten der Arme. Wenn du zu Hause einige Mudras »einschleifst«, kannst du dich bei Kritik und Attacken durch Einnehmen dieser Mudras sofort wieder in eine souveräne Haltung begeben und so die Situation meistern. (Siehe Buchempfehlung: Mudras, Geheimsprache der Yogis, von Ingrid Ramm-Bonwitt.)

Ich verfüge über eine erstklassige Rhetorik

Es kann sein, daß deine Umwelt auf dein neues Selbstbewußtsein ärgerlich reagiert. Deshalb bekommst du jetzt rhetorische Hilfsmittel, um dich auch in schwierigen Situationen souverän mitteilen zu können. Man kann die Art des Mitteilens in drei Gruppen unterscheiden:

1. Die Sach-Botschaft
2. Die Du-Botschaft
3. Die Ich-Botschaft

Ich informiere per Sachbotschaft

Die Sachbotschaft wird am meisten verwendet, obwohl sie am wenigsten zwischenmenschliche Begegnung verschafft. In der Sachbotschaft geht es um das Mitteilen von Wissen und Anschauungen. Die Sachbotschaft enthält weder ein »Ich« noch ein »Du«.

Beispiel 23:

Du hältst einen wissenschaftlichen Vortrag über das Paarungsverhalten der Rebhühner. Falsches Verhalten: Du sagst: »Ich meine, die Rebhühner paaren sich im Oktober.« Diese Aussage enthält ein »Ich« und führt zu Zweifeln. Richtiges Verhalten: Du sagst: »Aus der Studie des Verhaltensforschers XY geht hervor, daß die Rebhühner sich im Oktober paaren.« (Sachbotschaften nie als eine Meinung darstellen, sondern möglichst immer mit Quellenangabe.)

Ich dominiere per Du-Botschaft

Die Du-Botschaft enthält das Wort »Du« bzw. »Sie«. Sie ist angebracht, wenn du einen Auftrag geben oder einen Angreifer auf sich verweisen willst.

Beispiel 24:

Du hast einen Gärtner bestellt. Falsches Verhalten: Du sagst: »Ich würde mich freuen, wenn der Garten in drei Tagen tadellos in Ordnung wäre.« In diesem Fall kann es dir passieren, daß der Gärtner ironisch lächelnd antwortet: »Ja, ich auch!« Richtiges Verhalten: Du sagst: »Bitte, mähen Sie zuerst den Rasen, und schneiden Sie dann die Rosen, so daß wir gegen 17 Uhr abrechnen können.«

Ich artikuliere per Ich-Botschaft

Mit der Ich-Botschaft teilst du mit, wo du stehst. Sie ist angebracht, wenn du persönlich verstanden werden willst, etwa beim Flirt oder wenn du Kritik oder deine Gefühle ausdrücken möchtest.

Beispiel 25:
Dein Partner schraubt die Zahnpastatube nicht zu. Falsches Verhalten: Du ärgerst dich und sagst: »Warum mußt du immer die Zahnpastatube offen lassen. Ich habe dir schon tausendmal gesagt . . .« (Du-Botschaft: gibt Ärger). Richtiges Verhalten: Du sagst: »*Ich* habe Schwierigkeiten mit der Zahnpastatube . . .«

Beispiel 26:
Du sitzt mit dem Mann beziehungsweise der Frau deiner Träume bei Mondschein an einem romantischen Meeresstrand. Falsches Verhalten: Du flüsterst ihm/ihr ins Ohr: »Wenn zwei Menschen sich im Mondschein begegnen, so sagte schon der Dichter Hemmingway, sollte man dem anderen ein kleines Kompliment machen . . .« (Sachbotschaft: gibt Frust). Richtiges Verhalten: Du sagst: »Ich liebe deine hellgrünen Augen . . .« und küßt sie, beziehungsweise ihn.

Ich reagiere souverän auf Kritik (ERD-Technik).
Die ERD-Technik ist eine gute Reaktion, wenn jemand *anderes* dich
kritisiert oder attackiert. Sie hilft dir, auf Kritik richtig zu reagieren
und die passenden Worte zu finden. Sie setzt sich aus drei Kompo-
nenten zusammen:
1. E = Echo
2. R = Rückfragen
3. D = Danken

Ich antworte stets geistesgegenwärtig (E = Echo)
In der zwischenmenschlichen Kommunikation entsteht oft unnötiger
Ärger durch Mißverständnisse. Man sagt etwas anderes, als man
meint, oder der andere versteht etwas anderes, als er hört. Die Echo-
Technik hilft dir, solche Mißverständnisse zu vermeiden. Außerdem
erhöht sie deine Schlagfertigkeit. Das erste Wort beim Echo lautet immer »Du«, bzw. »Sie«. Dann wiederholst du einfach, was der andere
gesagt hat. So schlagfertig bist du immer. Überwinde den eventuell
falsch gelernten Reflex, direkt zu antworten. Hole erst einmal einen
oder zwei tiefe Atemzüge, dann antworte konsequent mit einem
Echo. Keine Konfrontation kann schiefgehen, wenn du konsequent
beim Echo bleibst! Der Trick bei der Echo-Technik besteht darin, die
Botschaft einfach zurückzugeben, so, als wenn du damit nichts zu tun
hast. Stell dir vor, du fängst einen Tennisball auf und wirfst ihn zurück, weil er dir nicht gehört. Gib also die Energie des Angriffes nur
zurück – sei ein Spiegel für den anderen. Wichtig ist beim Echo, daß
du es lässig sagst. Das Echo bietet drei wesentliche Vorteile:
1) Zeitgewinn
2) Die Attacke berührt dich nicht.
3) Beide prüfen, ob sie richtig »übersetzt« haben.

Beispiel 27a:

Dein Partner *sagt*: »Liebling, schaust du noch lange fern?« Er *meint*: »Liebling, ich möchte mit dir kuscheln.« Du *hörst*: »Du schaust zu viel fern!« Du *verstehst*: »Du bist eine langweilige Tröte.« Du sagst: »Du mußt auch immer etwas zu meckern haben« – und bald ist der schönste (unnötige) Streit im Gange. Richtiges Verhalten: Du antwortest mit Echo: »Du meinst, ich schaue zu viel fern?« Dein Partner wird daraufhin sagen: »Nein, ich möchte mit dir kuscheln!«

Beispiel 27b:

Du kommst vom Friseur und freust dich, deinem Mann die neue Frisur zu zeigen. Er begrüßt dich mit den Worten: »Du meine Güte, wie siehst du denn aus?« Falsches Verhalten: Du ärgerst dich und denkst: »Mein Mann mag mich nicht. Gestern war er auch schon so unfreundlich zu mir . . .« und beginnst zu zetern: »Du Trottel, ich habe mich extra für dich schön gemacht, so eine Frechheit!« Richtiges Verhalten: Echo: »Du magst meine neue Frisur nicht? Habe ich dich da richtig verstanden?«

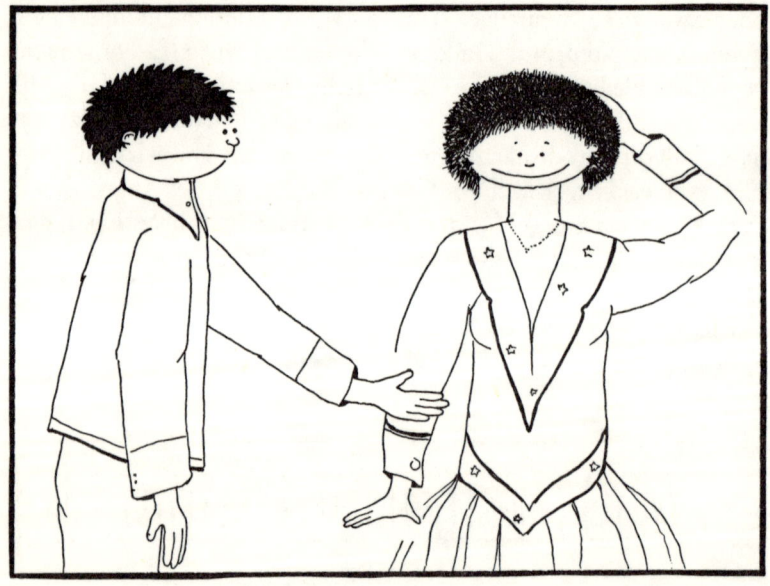

Ich motoviere andere, in Lösungen zu denken (R = Rückfragen)
Durch eine gute Rückfrage bringst du den anderen dazu, konstruktive Vorschläge zu machen. Bleibe im Rückfragen konsequent. Wenn der andere auf deine Rückfrage nicht reagiert, wiederhole die Frage sinngemäß so oft, bis der andere sich darauf einläßt. Diskutiere nicht, rechtfertige dich nicht, versuche nicht, den anderen ändern zu wollen (selbst wenn dein Argument noch so gut ist), wiederhole einfach nur deine Frage. Eine der besten Rückfragen lautet: »**Gut, aber was soll ich jetzt tun?**« Frage also nicht, was du lassen sollst, sondern immer, was du tun sollst. Damit zwingst du den anderen, an die Lösung zu gehen.

Beispiel 28:
Dein Mitbewohner kritisiert dich: »Ich finde es ganz schlimm, wie du den Speicher einräumst.« Deine Rückantwort: »Gut, aber wie sollte ich es denn machen?« Dein Freund mault weiter: »Frag nicht so blöd, eine Katastrophe ist das!« Deine zweite Rückfrage. »Ich nehme zur Kenntnis, daß du es für eine Katastrophe hältst, aber was sollte ich deiner Meinung nach jetzt tun?« Dein Freund: »Mehr Platz für die Winterkleidung lassen.« In dem Augenblick könnt ihr euch auf einen konstruktiven Kompromiß einigen.

Gute Rückfrage zum Ausprobieren und Ergänzen:
☐ *Was* können wir jetzt tun? (bzw. Was sollte ich jetzt tun?)
☐ *Wie* sollte ich es in Zukunft machen? (bzw. Wie hätte ich's machen sollen?«
☐ *Wer* hat dich beauftragt, mir das zu sagen?
☐ *Woher* weißt du, daß das so ist?
☐ *Warum* sagst du mir das? (Ein Mensch sollte seine Worte nur zu drei Zwecken gebrauchen: zu helfen, zu danken, zu segnen!)
☐ Ist da noch etwas, das du mir sagen willst?
☐ Ist das alles, was du mir sagen willst?

☐ ....
☐ ....

☐ ....

☐ ....

☐ ....

☐ ....

☐ ....

Ich bringe Gespräche zu einem positiven Ende (D = Danken)

Erkenne, daß die Kritik dir auf jeden Fall geholfen hat, entweder deine Handlungsweise zu verbessern oder deine Handlungsweise zu bestätigen. Danke dem anderen für diese Gelegenheit (auch wenn er dir vielleicht gar nichts Gutes tun wollte). Danke aber nie provozierend oder ironisch! Wenn du glaubst, daß der andere deinen Dank nicht annehmen kann, gib dein »Danke« gedanklich an ihn weiter. Sende ihm deinen Frieden und segne ihn, den »Privattrainer des Schicksals«. Nutze das geistige Gesetz des Segnens: Alles, was du ehrlichen Herzens segnest, muß dir zum Segen werden. Alles, wofür du dich ehrlichen Herzens bedankst, muß dir zum Dank werden.

Fünf ausgefeilte Varianten der ERD-Technik

Wenn du dich in der ERD-Technik sicher fühlst, kannst du dir fünf ausgefeilte Varianten der ERD-Technik anschauen:

1. Die »Günstigstenfalls-Version«
2. Befehle umdeuten
3. Pöbel im Regen stehen lassen
4. Dominanz-Fragen umdeuten
5. Antworten souverän einstreuen

Was will mir der andere günstigstenfalls signalisieren?
Wenn du Zeit mit deinem Echo hast, frage kurz deine Intuition: »Was wollte mir der andere *günstigstenfalls* signalisieren?« Füge also dem Echo eine hilfreiche Interpretation hinzu.

Beispiel 29:
Du besucht einen Geschäftsfreund und läßt die Tür hinter dir offenstehen. Dein Geschäftsfreund kritisiert dich mit den Worten: »Hast du zu Hause Säcke vor den Türen?« Richtiges Verhalten: Du holst tief Luft, überlegst kurz, was dir der andere *günstigstenfalls* signalisieren wollte und antwortest mit dem Echo: »Du meinst, ich sollte die Tür zumachen. Habe ich dich da richtig verstanden?«

Ich lasse mir nie mehr etwas befehlen
Manchmal ärgert man sich, weil ein anderer versucht, einen herumzukommandieren oder zumindest einem seinen Willen aufzuzwingen. Versucht ein anderer, dich mit Befehlen zu kommandieren, drehst du den Befehl einfach in eine Meinung um und streust sachlich ein »Nein« ein, ohne Wenn und Aber (sogenannte »Nein-Antwort«). Wenn du möchtest, finde ein logisches Argument, mit dem du deine Verweigerung begründest (nicht immer empfehlenswert in der Grundausbildung bei der Bundeswehr).

Beispiel 30:
Ein Mitbewohner in deiner Wohngemeinschaft muß eine Verabredung mit seinem Vater absagen. Ihm ist das peinlich. Er weist dich deshalb an: »Ruf doch mal eben meinen Vater an und sag ihm, daß ich nicht zu der Verabredung kommen kann.« Richtiges Verhalten: Du deutest den Befehl in eine Meinung um und sagst: »Du meinst, *ich* soll *deinen* Termin absagen?« Dein Mitbewohner wird wahrscheinlich antworten: »Na klar, nun mach schon.« Jetzt gibst du klar und sachlich deine Nein-Antwort: »Das ist nicht meine Aufgabe. Bitte mach das selbst.« Es kann sein, daß daraufhin dein Mitbewohner unwirsch reagiert. Mach dir klar, daß jede unwirsche Reaktion, wie immer sie auch ausfällt, mit dir nichts zu tun hat, sondern nur aus dem gekränk-

ten Stolz deines Mitbewohners stammt. Es sind *seine* »Programme«, die ablaufen, nicht deine. Bleib du einfach in deiner Mitte und wiederhole den einen Satz: »Das ist nicht meine Aufgabe. Bitte mach das selbst.«

Ich lasse mich nie mehr anpöbeln

Viele Menschen ärgern sich, wenn sie angepöbelt werden. Mit Pöbel sind Menschen gemeint, denen es gar nicht um eine gemeinsame Sache geht, sondern die einen Dummen suchen, bei dem sie Dampf ablassen können. Bei der »Pöbelversion« geht es darum, das Gespräch souverän zu beenden, um dich den Menschen zuzuwenden, die für deine Liebe Verwendung haben. Wenn du angepöbelt wirst, erkenne: Du bist gar nicht gemeint. Der andere meint *sich*! **Der Pöbel hat Probleme – nicht du!** Leih ihm dein Ohr, dann frage den Pöbel: »Ist das alles, was du mir sagen willst?« Wenn du bewußt genug für ein »Energie-Tai-Chi« bist, kannst du auch fragen: »Ist da noch etwas, was du mir sagen willst?« und dich von der Energie des anderen überschütten und auftanken lassen. Sobald dem anderen nichts mehr einfällt, sage: »Danke für diese Information«, drehe dich um und gehe. Euch beiden ist gedient: Du hast »juice« getankt, und der andere ist »juice«, den er nicht verwenden konnte, losgeworden. Bist du nicht bewußt genug für ein »Energie-Tai-Chi«, laß den Pöbel mit seinen Aggressionen im Regen stehen. Du mußt keinem beweisen, daß du der Überlegene bist.

Beispiel 31:

Du bist Student, kommst morgens in die Mensa, und ein Kommilitone begrüßt dich vor versammelter Mannschaft mit den Worten: »Da kommt der Idiot ja schon wieder!« Falsches Verhalten: Du sagst nichts und ärgerst dich. Richtiges Verhalten: Du antwortest mit Echo: »Du meinst, ich bin ein Idiot?« Der Kommilitone wird antworten: »Ja, genau!« Dann stellst du die entscheidende Rückfrage: »Ist das alles, was du mir sagen willst?« Der Kommilitone wird wahrscheinlich antworten: »Ja, genau das wollte ich dir schon immer sagen.« Wenn du zeigen willst, daß du die Rolle, die der andere spielt, nicht ernstnimmst, kannst du dich dann bedanken: »Gut, dann danke ich dir für diese Information«, drehst du dich um und gehst.

Ein cleverer Trick, Dominanz-Fragen zu begegnen.
Ein typisches Ärgernis sind auch Leute, die einem ein Loch in den Bauch fragen oder sogar versuchen, einen durch dauerndes Hinterfragen zu dominieren (unterwerfen). Antworte nie auf Dominanz-Fragen, das heißt Fragen, die jemand stellt, um dich kleinzumachen. Antworte insbesondere nie auf Warum-Fragen, denn diese zwingen dich immer in die Rechtfertigung und damit ins Abseits. Tu einfach so, als hätte der andere keine Frage gestellt, sondern eine Aussage getroffen (Frage-Aussage-Dreh).

Beispiel 32:

Dein Ehepartner begrüßt dich mit einer Dominanz-Frage: »Warum kommst du wieder so spät?« Falsches Verhalten: Du rechtfertigst dich: »Ich habe Tante Grete auf dem Markt getroffen, und die hatte Probleme mit ihren Enkeln, und da habe ich . . .« Richtiges Verhalten: Du tust, als hätte der andere gar keine Frage gestellt, sondern eine Aussage getroffen (»Frage-Aussage-Dreh«), als hätte er gesagt: »Ich bin sauer, weil du so spät kommst.« Du konterst souverän mit Echo: »Dich stört, daß ich so spät komme? Habe ich dich da richtig verstanden?« Dein Ehepartner könnte dann antworten: »Natürlich! Also, warum kommst du so spät?« Wenn du klug bist, reagierst du wieder nicht auf die »Warum-Frage«, sondern fragst jetzt nach der Lösung mit der Rückfrage: »Warum ich so spät komme, ist unwichtig, aber was können wir in Zukunft tun, um zu vermeiden, daß dich das stört?«

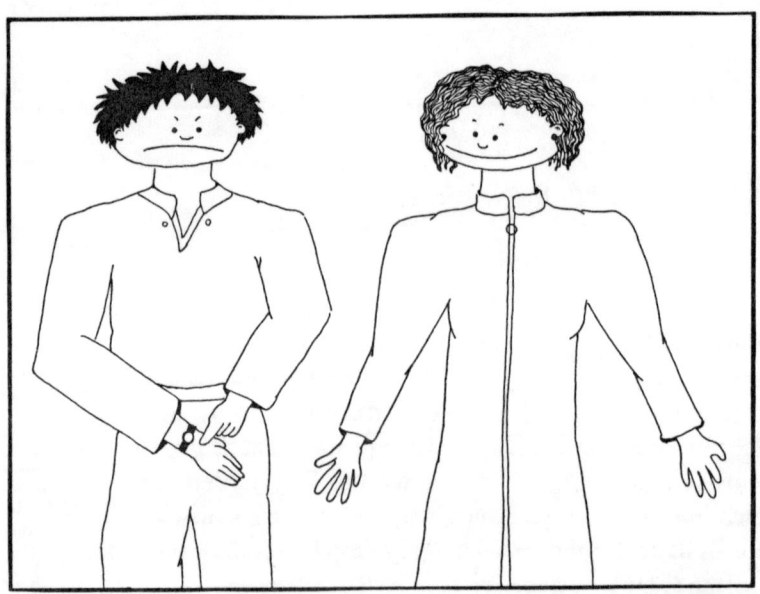

Ich sage die Wahrheit
Hältst du es für angemessen, auf eine Frage-Kritik zu antworten, so sage die Wahrheit – aber ohne Schuldgefühle, Rechtfertigung, Entschuldigung oder Gegenattacke. Streue deine Antwort einfach in die ERD-Technik ein. Eine souveräne Antwort ist immer

1. ehrlich

2. sachlich

3. klar und eindeutig

Beispiel 33:
Du warst in einer Kneipe, wo über deinen Freund hergezogen wurde, und hast kräftig mitgemacht. Dein Freund erfährt davon und stellt dich zur Rede. Falsches Verhalten: Du rechtfertigst dich und sagst: »Die anderen haben über dich hergezogen und mich quasi dazu gezwungen mitzumachen.« Falsches Verhalten: Du lügst oder gehst zum Gegenangriff über und sagst: »Du mußt auch immer was zu mekkern haben. Erst bin ich dir nicht zuverlässig genug, und jetzt auch noch diese Anmaßung. Du solltest dich schämen!« Richtiges Verhalten: Du lockerst das Gespräch erst einmal durch ein Echo auf: »Du fragst, ob ich hinter deinem Rücken schlecht über dich geredet habe?« Dein Freund könnte antworten: »Ja genau, das will ich jetzt wissen.« Daraufhin streust du die Wahrheit souverän ein: »Ja, das stimmt. Ich habe hinter deinem Rücken schlecht über dich geredet.« Dann gehst du zur Rückfrage über: »Wie sollte ich mich in Zukunft in unserer Freundschaft verhalten?«

Ich äußere Kritik, Wünsche und Gefühle souverän (TIP-Technik)
Ein kluger Mann hat einmal gesagt: **Sage, was du willst, aber erwarte nicht, daß du es bekommst.** Manchmal ärgert man sich, weil man sich äußern oder Luft machen möchte, aber nicht weiß, wie. Die **TIP-Technik** hilft dir, Kritik, Wünsche und Gefühle souverän auszudrükken. Die drei Schritte der »**TIP-Technik**« lauten:

1. Schritt: T = Tatsache neutral darstellen

2. Schritt: I = Ich-Botschaft signalisieren

3. Schritt: P = Partnerschaftliche Bitte äußern

T = *Ich stelle die Tatsachen neutral dar*
Stelle die Tatsache (zum Beispiel den Grund deines Ärgers) neutral
und objektiv dar. Vermeide jeden Vorwurf – auch im Tonfall!

Beispiel 34:
Es ist Mittagszeit. Dein Partner hat noch kein Essen gekocht. Dir ist
schlecht vor Hunger. Falsche Reaktion: Du ärgerst dich und
schimpfst: »Warum hast du immer noch kein Essen gekocht?« Richtige Reaktion: Du stellst die Tatsache neutral dar: »Wenn ich das richtig
sehe, ist die Küche im Augenblick noch kalt.«

I = *Ich sage per Ich-Botschaft, was mit mir los ist*
Teile dein Gefühl in der Ich-Botschaft mit. Sage dem anderen, was
mit dir los ist. Dramatisiere oder beschwichtige nicht. Der andere muß
sich ja nicht rechtfertigen. Wenn der andere zum Gegenangriff über-
geht, sich rechtfertigt oder Schuldgefühle zeigt, bau ihm eine Brücke,
indem du ihm klarmachst, daß sich deine Kritik nicht gegen ihn persönlich richtet.

Beispiel 34 (Fortsetzung):
»Ich fühle mich schon ganz schlecht vor Hunger!« Es kann sein, daß
dein Partner sich jetzt angegriffen fühlt und zum Beispiel sagt: »Mußt
du immer etwas zu meckern haben?« In dem Fall bau ihm eine Brücke
und sage ihm: »Ich wollte dir nur mitteilen, was mit mir los ist. Mir ist
schlecht vor Hunger. Das richtet sich nicht gegen dich persönlich.«

P = *Ich lerne, partnerschaftliche Bitten zu äußern*
Denke für den anderen mit. Versetze dich in seine Lage. Suche immer
nach einer partnerschaftlichen Lösung. Sage nie, was der andere nicht
tun sollte, sondern immer immer, was er tun sollte.

Beispiel 34 (Fortsetzung):
»Kannst du mir ein Brot machen, bis das Essen fertig ist?«

Experiment 4:

1) In diesem Experiment geht es darum, Angst und Hemmungen aufzulösen, die dich daran hindern, Konfrontationen souverän und gelassen zu meistern. Notiere wie in Arbeitsblatt 14 auf einem Extrablatt zehn Menschen und Situationen, vor denen du Angst hast/hattest.
Du überwindest jede Angst mit vier Schritten, indem du:
1. dich fragst »Was kann schlimmstenfalls passieren?«
2. das Schlimmste gedanklich akzeptierst
3. dir bewußt machst, daß die Wahrscheinlichkeit, daß das Befürchtete eintritt nur 1:99 ist
4. die Angst aus einem Bewußtsein löschst (geistiges Tipp-Ex).

2) Notiere dir auf dem Arbeitsblatt 15 zehn Erfolgserlebnisse im Überwinden von Angst.

3) Notiere auf einem Zettel zum Arbeitsblatt 16 zehn Situationen, in denen du Angst hast (hattest), dich ohne Hemmung mitzuteilen.

4) Notiere auf dem Arbeitsblatt 17 zehn Erfolgserlebnisse im ungehemmten Mitteilen.

5) Beobachte im Alltag deine Mitmenschen, ob sie auf Kritik und Konfrontationen mit Schwanz-Einziehen, Gegenattacke, Entschuldigung, Rechtfertigung oder Diskussion reagieren.

6) Beobachte im Alltag deine Mitmenschen, wie sie Kritik äußern: Kritisieren sie aggressiv? Diskutieren sie darüber, was »man tut«? Entschuldigen sie sich fast dafür, daß sie etwas zu kritisieren haben?

7) Beobachte im Alltag deine Mitmenschen, ob sie per Sach-, Du-, oder Ich-Botschaft miteinander kommunizieren. Paßt die Form der Kommunikation zu dem, was die Menschen »rüberbringen« wollen?

8) Beobachte im Alltag deine Mitmenschen, ob die Körpersprache zu dem paßt, was gesagt wird.

9) Notiere auf Arbeitsblatt 18 zehn positive Gesten, die dir einfallen. Schleife eine Geste ein, die du im Alltag benutzen wirst, um dich

an bestimmte Tugenden zu erinnern. Finde zum Beispiel eine Gestik für Souveränität, für Mut oder Gelassenheit.

10) Beobachte dich selbst, wie du mit Kritik und Konfrontationen umgehst. Wie kommunizierst du? Sei dein eigener Detektiv – aber nimm das Experiment nicht zu ernst. Bewerte nicht, wie du dich verhältst, beobachte dich einfach nur. Sieh das Ganze wie ein Spiel an.

11) Wenn du dich selbstbewußt fühlst, mache das Experiment und gehe bewußt auf Plätze, wo viel überschüssige Energie vorhanden ist (Kneipen, Diskos, Fußballstadion und ähnliche). Lerne dort, wie du durch »Konfrontations-Tai-Chi« Energie transformieren kannst. Das bedeutet nicht, Streit vom Zaun zu brechen, sondern einfach nur, mit Menschen zu kommunizieren, von denen du dich sonst lieber ferngehalten hättest.

12) Fülle das Arbeitsblatt 19 (**ERD**) für ein Musterbeispiel aus. Trainiere die **ERD**-Technik in zukünftigen Konfrontationen.

13) Fülle das Arbeitsblatt 20 (**TIP**) für ein Musterbeispiel aus. Trainiere die **TIP**-Technik in zukünftigen Konfrontationen.

14) Mache eine Feuermeditation. Verbrenne die Zettel zu den Arbeitsblättern 14 und 16 und sage dabei: »Ich begegne in Zukunft jedem Menschen und jeder Situation mutig, souverän und gelassen. Ich habe den Mut, mich ungehemmt, aber liebevoll mitzuteilen. Ich mache aus jeder Konfrontation ein Energiegeschenk und ruhe in der Mitte meines wahren Wesens. Ich kann es, ich weiß es, ich schaffe es.« Beobachte in den nächsten Tagen, was geschieht.

Arbeitsblatt 14 (Muster):
Zehn Menschen und Situationen, vor denen ich Angst habe (hatte).

01) Nachts alleine durch einen dunklen Park gehen – Isarhochufer einsamer Parkweg Dauerlauf 23 Uhr.
....

02) Konfrontationen mit Cholerikern – Loto Konferenzraum oben, ich sitze vorne links.
....

03) Nicht potent zu sein, wenn es darauf ankommt – Studiocafé 1. Nacht mit einer Unbekannten – sie steht mitten »bei der Sache« entrüstet auf und geht.
....

04) Finanziell pleite zu gehen – ich gehe zur Bank, will Geld haben, und ein 17jähriger Banklehrling sagt arrogant zu mir: »Sorgen Sie erst einmal dafür, daß etwas reinkommt, dann sehen wir weiter« – neben mir zählt ein türkischer Straßenarbeiter Tausendmarkscheine.
....

05) Vom Balkon zu stürzen – Feuerwerk Düsseldorf Hotel 1983.
....

06) Ein großer Hund fällt mich an – auf dem Tennisplatz beißt mich beim Spielen ein großer Schäferhund »herzhaft« in die linke Wade – Sommer 1980.
....

07) Daß eine Schlange mich beißt. Südfrankreich 1983 – es geht auf dem Campingplatz das Gerücht um, daß die Schlangen vom Berg jetzt beim Campingplatz sind.
....

08) Unberechenbare außersinnliche Wahrnehmungen – ich gehe aus der Wohnung und habe plötzlich das Gefühl, daß sich ein dunkler Schatten um mich legt (Winter 1986).
....

09) Angst durchzudrehen – Krach mit Freundin, finanziell pleite, Streß und Krankheit, Nerven angespannt (1982).
....

10) Überfallen zu werden – ich gehe durch einen dunklen Tunnel in meiner früheren Heimatstadt (1980).
....

126

Arbeitsblatt 14
Zehn Menschen und Situationen, vor denen ich Angst habe (hatte).

01) ....

02) ....

03) ....

04) ....

05) ....

06) ....

07) ....

08) ....

09) ....

10) ....

EA – Zehn Erfolgserlebnisse im Überwinden von Angst.

01) Ich mache eine Sitzung im »Rebirthing« und atme weiter, obwohl die Angst mich fast umbringt – Meditationscenter Sessionraum im obersten Stock.
....

02) Ich mache eine »Horrortherapie« mit und komme in eine Situation, in der der Körper mir nicht mehr gehorcht – und gehe darüber hinaus und kann darüber lachen.
....

03) Ich stehe am Balkon in Ibiza und habe Angst vor der Höhe, setze mich bewußt auf den Balkon und mache dort mit der Angst eine »Bhakti-Meditation«*.
....

04) Ich bin bei einem der bekanntesten geistigen Führer der Welt. Vor der Begegnung bekomme ich Angst, jetzt »bestraft« zu werden, weil ich nicht hart genug an mir gearbeitet habe – ich stehe die Angst durch und komme zu neuem Selbstbewußtsein.
....

05) Ich habe bei der Massage starke Schmerzen und stelle mich diesem Schmerz, lasse an dem kritischen Punkt weiterarbeiten. (Schwabing, Sommer 1986).
....

06) Ich bin bei einem anderen Horrorseminar, und wir müssen auf Kommando eine Übung machen, die zum Erbrechen führt – ich sterbe fast vor Angst, mache aber mit und überstehe diese Situation sogar mit einigem Humor.
....

07) Der Obermieter meiner Tante brüllt mich an, weil ich nicht ordnungsgemäß geparkt habe. Ich gebe Kontra, daß die »Fetzen fliegen«. – Baden/Baden, Frühling 1986.
....

08) Ich werde bei einer Präsentation scharf angegriffen und drehe voll auf: »Ich mag mich, wie ich bin!!!«
....

09) Ich werde am Telefon beschimpft, weil ich mein Wort nicht gehalten habe. Ich kontere souverän und stark.
....

10) Ich werde von einer aggressiven Seminarleiterin in die Schranken gewiesen – ich gebe nicht klein bei, sondern ziehe sie sogar ins Lächerliche.
....

* Die Bhakti-Meditation findest du ab S. 210

Arbeitsblatt 15
EA – Zehn Erfolgserlebnisse im Überwinden von Angst.

01) ....

02) ....

03) ....

04) ....

05) ....

06) ....

07) ....

08) ....

09) ....

10) ....

Arbeitsblatt 16 (Muster):
Zehn Gedanken, bei denen ich Hemmungen habe (hatte), sie auszusprechen

01) Einer piekfeinen Gesellschaft zu sagen, wie scheinheilig ich sie finde.

02) Meine geheimsten Sexwünsche, zum Beispiel gemeinsame Spiele in der Badewanne.

03) Einem Therapeuten, der mir sagt, wie viele Therapien ich brauche, sagen, daß er vielleicht selbst Therapien brauchen könnte.

04) Einer vehement vertretenen Meinung, sobald sie im Raum steht, meine eigene entgegenzustellen.

05) Einen Fremden, den ich gern kennenlernen würde, einfach anzusprechen.

06) Ein Gespräch, das sich auf einer theoretischen oder sachlichen Ebene bewegt, auf persönliche, private oder intimere Dinge lenken.

07) Jemandem, der mich behandelt wie ein kleines Kind, einfach sagen: »Ich bin wer«, und zu meiner Stärke stehen.

08) Ich werde bei einem Einkauf aufgrund meiner Kleidung in die Rolle eines Krösus gepreßt und kaufe wie ein Krösus, statt zu sagen, was ich wirklich will.

09) Einer Frau, die mich in eine Beichtvaterrolle gedrängt hat, sagen, daß ich mit ihr schlafen möchte, anstatt den Beichtvater zu spielen.

10) Ein Mann schreit mich an, ich solle mit dem Wagen hier wegfahren. Ich traue mich nicht, ihm zu sagen, daß ihn das gar nichts angeht, sondern fahre tatsächlich weg.

130

Arbeitsblatt 16
Zehn Gedanken, bei denen ich Hemmungen habe (hatte), sie auszusprechen

01) ....

02) ....

03) ....

04) ....

05) ....

06) ....

07) ....

08) ....

09) ....

10) ....

Arbeitsplatz 17 (Muster):
EA - Zehn Erfolgserlebnisse im Mitteilen von Gedanken ohne Hemmungen

01) Meiner letzten Freundin meine »speziellen« Sexphantasien mitgeteilt – 22.3.1986.

02) Meinen Eltern gesagt, wie ich über ihre Art des Zusammenlebens denke – Ibiza, Januar 1987/86

03) Ich halte ein Seminar. Der Mann, der das Seminar geordert hatte, der »Boss«, stört das Seminar – ich schmeiße ihn raus und arbeite mit der »Crew« alleine weiter (Köln 1987, Grafensaal).

04) Meinem Geschäftspartner gesagt, daß ich Geld brauche.

05) Einem Partner klipp und klar gesagt, daß ich nicht weiter für ihn arbeiten kann.

06) Meinem Boss Aug' in Aug' gekündigt (Neubau, Königsbach)

07) Einen Seminarleiter, der eine brutale Gruppe machte, als Teilnehmer unter Beifall der ganzen Gruppe vor die Tür gesetzt – Fuerteventura 1987.

08) Einer Schuhverkäuferin beim Schuhe kaufen gesagt, daß ich heute abend mit ihr ins Bett gehen will.

09) Carola in Anwesenheit ihrer Eltern abends beim Pianokonzert eine Rose überreicht – Malcesine 1987.

10) Einem Geschäftsfreund gesagt, er soll 1000 mal das Buch »Nie mehr ärgern« kaufen und verschenken.

132

Arbeitsplatz 17
EA - Zehn Erfolgserlebnisse im Mitteilen von Gedanken ohne Hemmungen

01) ....

02) ....

03) ....

04) ....

05) ....

06) ....

07) ....

08) ....

09) ....

10) ....

Arbeitsblatt 18 (Muster):
Zehn positive Gesten

01) Offene Arme
....

02) Hand aufs Herz
....

03) Offene Hände
....

04) Zum Gruß erhobene Hand
....

05) Jemandem die offene Hand hinstrecken (als wollte man ihm etwas anbieten)
....

06) Victorygeste
....

07) Namaste (die gefalteten Hände der Inder)
....

08) »Mafia-Gruß« (mit dem Handrücken unterm Kinn entlang streichen)
....

09) Geste der unbescholtenen Unwissenheit (ausgebreitete Arme)
....

10) Geste des Energiedarshan (Hände über den Kopf wie beim Halten eines imaginären Balles)
....

Arbeitsblatt 18
Zehn positive Gesten

01) ....

02) ....

03) ....

04) ....

05) ....

06) ....

07) ....

08) ....

09) ....

10) ....

ERD – Kritik und Konfrontationen souverän meistern

Kennwort: Verspätung .... Datum: 19.01.1987 ....

Erlebnis: Mein Partner faucht mich an: »Warum kommst du so spät?« ....

Echo: Du fragst, warum ich so spät komme? ....

Rückfragen: Das ändert auch nichts, aber was tun wir jetzt? ....

Danken: Ich finde es gut, daß du deine Gefühle so offen mitteilst. ....

Arbeitsplatz 19
ERD – Kritik und Konfrontationen souverän meistern

Kennwort: ....   Datum: ....

Erlebnis: ....

Echo: ....

Rückfragen: ....

Danken: ....

Arbeitsblatt 20 (Muster):
TIP – Gefühle, Wünsche und Kritik souverän mitteilen

Kennwort: Flirt .... Datum: 18.3.1987 ....

Erlebnis: Treffe Frau und will gerne mit ihr schlafen. ....

Tatsache neutral darstellen: Dein Blick geht mir unter die Haut. ....

Ich-Botschaft: Ich finde dich sagenhaft klasse und würde gerne mit dir schlafen – so, jetzt ist es gesagt. ....

Partnerschaftliche Bitte: Besteht eine Möglichkeit dazu? ....

Arbeitsblatt 20
TIP – Gefühle, Wünsche und Kritik souverän mitteilen

Kennwort: .... Datum: ....

Erlebnis: ....

Tatsache neutral darstellen: ....

Ich-Botschaft: ....

Partnerschaftliche Bitte: ....

LEKTION 5:

Ich liebe das Leben und tue, was mir Spaß macht.

Ich liebe erst einmal mich selbst

Ärger hängt immer auch mit mangelndem Selbstwertgefühl zusammen. Menschen ärgern sich, weil sie meinen, sie seien im Leben zu kurz gekommen. Deshalb: Liebe erst einmal dich selbst. Je mehr du dich selbst akzeptierst, desto toleranter kannst du auch zu anderen sein. Und desto mehr wirst du von anderen gemocht. Wie Erich Fromm in seinem Buch »Die Kunst des Liebens« sehr eindrücklich darstellt, kann man einen anderen Menschen nur dann wirklich lieben, wenn man sich selbst liebt. Selbstliebe ist also eine unabdingbare Voraussetzung für Nächstenliebe und harmonische Beziehungen zu unseren Mitmenschen. Umgekehrt können wir Liebe von anderen aber nur in dem Maße annehmen, wie wir uns selbst lieben. Sich selbst zu lieben bedeutet auch, positiv über sich zu reden. Vielleicht bist du nach dem Motto »Eigenlob stinkt« erzogen worden? Vergiß es! Du bekommst keine Sympathie, wenn du dich klein machst, höchstens Mitleid. Willst du, daß die Menschen mit dir zusammen sind, weil sie in dir jemanden haben, den sie wie einen »armen Trottel« behandeln können? Oder willst du, daß die Menschen mit dir zusammen sind, weil sie sich mit dir des Lebens freuen wollen? Wie du von dir sprichst, so redet man über dich. »Erschaffe« also deine Liebe zu dir, indem du positiv über dich sprichst. Mache dir immer wieder bewußt, was du an dir magst, und stehe dazu – gleich, was die anderen von dir denken. Es kann sein, daß du einige Freunde loslassen mußt, die dich bisher in die Arme-Trottel-Rolle drängen wollten – aber keine Sorge, dafür kommt etwas Besseres nach. Spreche positiv über dich, dann ziehst du andere mit hoch!

Beispiel 35:
Dein Freund sagt zu dir: »Ich finde, du bist ein ausgezeichneter Ver-
käufer!« Falsches Verhalten: Du antwortest in falsch verstandener
Demut: »Na ja, so gut bin ich auch wieder nicht«, erzählst von deinen
Pannen, und dein Freund denkt: »Nun, dann muß ich mich in ihm
getäuscht haben.« Richtiges Verhalten: Du bringst deine Selbstliebe
zum Ausdruck und ziehst gleichzeitig deinen Freund mit hoch: »Ich
freue mich, daß du das so siehst, du mußt ein toller Mensch sein, wenn
du das denkst. Es ist schön, dein Freund zu sein.«

Gleichnis 09:
Authentisch sein

Ein Gärtner ging durch seinen Garten und sah, daß seine Bäume und Pflanzen verwelkten und im Sterben lagen. Er befragte die Pflanzen, was sie so krank machte. Die Fichte sagte, sie wolle sterben, weil sie nicht groß sei wie die Tanne. Die Tanne wiederum war traurig, weil sie keine Trauben tragen konnte wie der Weinstock. Und der Weinstock lag in den letzten Zügen, weil er nicht Blüten tragen konnte wie die Rose.

Nur das Stiefmütterchen blühte wie immer und sagte: »Für mich war klar, daß du ein Stiefmütterchen haben wolltest, als du mich pflanztest. Hättest du eine Fichte, eine Tanne oder einen Weinstock gewollt, hättest du sie gepflanzt. Da ich ohnehin nichts anderes sein kann als das, was ich bin, will ich das, was ich bin, in aller Freude sein.

Du bist hier, weil dich die ganze Schöpfung so braucht, wie du bist. Sonst wäre jemand anderer an deiner Stelle! Bedenke einmal den Respekt, den dir das Universum bezeugt! Du bist für dein Leben ausgewählt worden – niemand anderer. Schau dich an! Du kannst nur du selbst sein. Es ist dir nicht möglich, jemand anderer zu sein. Du kannst dahinwelken – oder blühen und dich und deine individuelle Lebensart genießen. Es liegt nur an dir.

Natürlich zu sein ist der größte Energiesparer

Viele Menschen ärgern sich am meisten über sich selbst. Sie versuchen andauernd, sich zu »bessern«, und fallen damit auf die Nase. Der »Herr Selbstverbesserer« meint: »Wenn ich mit mir unzufrieden bin, spornt das meinen Ehrgeiz an, ich werde befördert, mehr geliebt usw.« Die Wahrheit ist: Das einzige, was bei Unzufriedenheit herauskommt, ist Unzufriedenheit. Du hast keine Chance, dich durch Unzufriedenheit zu verbessern. Das wäre genauso, als wenn du mit deinem Segelboot auf dem offenen Meer in Richtung Horizont segelst und hoffst, dadurch die Stelle zu erwischen, wo der Himmel die Erde berührt. Je weiter du in Richtung Horizont segelst, um so mehr entfernt sich der Horizont. Übersetzt bedeutet das: Je mehr Dinge du an dir »in Ordnung« bringst, um so mehr Dinge glaubst du zu entdecken, die an dir noch nicht in Ordnung sind. Einer der großen Irrtümer der »psychologischen Bewerter« ist, daß es hilfreich sei, zu versuchen, ein besserer Mensch zu werden. Was willst du wirklich? Ein besserer Mensch werden oder glücklich leben? Erkenne: **Du kannst nicht glücklich werden, du kannst nur glücklich sein** – und das kannst du sofort, hier und jetzt, mit all deinen vermeintlichen Fehlern. Du kannst dich nicht verbessern, du kannst dich nur lieben, wie du bist, und darüber glücklich sein. Sobald du glücklich bist, geschehen alle notwendigen Verbesserungen von alleine, nicht durch dich, sondern durch das Leben. Verbesserungen können nie direkt angesteuert werden. Sie geschehen automatisch – quasi als Nebenprodukt von Selbstliebe. Eigentlich ist fehlende Selbstliebe immer fehlende Selbsterkenntnis: Du weißt noch gar nicht, wie toll du eigentlich bist! Deshalb: Erkenne dich selbst. Erkenne, wer du *wirklich* bist. Du bist kein armer Erdenwurm – du bist König über ein unerschöpfliches Potential. Wenn du einmal erkannt hast, wer du wirklich bist, brauchst du dich nie mehr zu ärgern oder zu ändern. **Wer einmal sich selbst gefunden, kann nichts auf der Welt mehr verlieren.** Liebe dich, so wie du bist. Der Seminarleiter Stielau-Pallas aus Neuseeland* trimmt seinen

---

* sein Buch *Märchenhafte Freiheit* erschien im Verlag PETER ERD.

Schülern ein: »Heute bin ich für heute o. k.!« Bemühe dich also nie mehr, dich zu verbessern. Konzentriere alle Energie darauf, dich zu *erkennen* und zu *lieben*. Laß Verbesserung durch das Leben geschehen. Erkenne dich selbst. Liebe dich selbst. Sei du selbst. **Natürlich zu sein ist der größte »Energiesparer«, den es gibt.**

Beispiel 36:
Du bist Angestellter in einem Konzern. Um Karriere zu machen, besuchst du einen Fremdsprachenkurs bei der Volkshochschule. Eines Tages erfährst du, daß dein Kollege, der für seine lebenslustige Art bekannt ist, befördert worden ist und nicht du. Falsches Verhalten: Du ärgerst dich, daß er und nicht du die Beförderung erhalten hat. Richtiges Verhalten: Du schaust dir genau an, was du von ihm lernen kannst, und erkennst, daß er durch seine positive Art sehr viele Freunde hat. Du lernst, dich selbst zu lieben, und gehst in Zukunft nur dann in die Volkshochschule, wenn es dir Spaß macht. Daraufhin wirst du »doppelt« befördert.

Gleichnis 10:
Das Spiel ist aus.

Eine Frau schläft und träumt . . .

Sie sitzt in einem Zug. Der Zug fährt durch einen dunklen Tunnel. Als der Zug aus dem Tunnel kommt, sind ihre beiden Koffer verschwunden. Da läutet der Wecker zum Erwachen, aber im Halbschlaf zögert die Frau, weil sie ja ihre beiden Koffer nicht gefunden hat.

Du kannst ein Leben lang »Koffer suchen« und auch finden – aber warum solltest du das tun? Nach fünf Jahren hast du ein hervorragendes psychologisches Vokabular – und suchst nach fünf weiteren Koffern.

Du kannst deine Energien dafür verwenden, dich zu verbessern oder dich zu erkennen, es liegt an dir. Sobald du erkannt hast, wer du wirklich bist, sobald du erwacht bist, sind sowieso alle Probleme verschwunden. Also: Höre auf, Koffer zu suchen. Und: Höre auf, anderen Koffer suchen zu helfen. Erkenne dein wahres Selbst. Liebe – verstehe – vertraue – dann lebst du wie ein König in dieser Welt.

Ich tue, was mir Spaß macht

Völlig unnötiger Ärger entsteht aus falsch verstandener Rücksichtnahme. Man will es den anderen recht machen und ärgert sich, wenn das nicht honoriert wird. Also: Höre auf, es anderen recht machen zu wollen. Tue, *was* dir Spaß macht, und tue es so, *daß* es dir Spaß macht. »Tu, was du willst!« schreibt Michael Ende in der »Unendlichen Geschichte«. Vergiß die ganze Moral, Anstand und Erziehung – sie haben dir nichts als Unglück gebracht. Du willst in den Augen der anderen als »guter« Mensch dastehen? Vergiß es. Frage dich besser: »Wenn ich könnte, wie ich wollte, was würde ich jetzt *am liebsten* tun?« Und tue es (wenn es nicht gerade gemeingefährlich ist oder anderen schadet). Schau, was für *dich* stimmt. Du bist nicht auf der Welt, um die Erwartungen anderer zu erfüllen. Du bist auf der Welt, um zu lieben und glücklich zu sein. Jeder ist für sein Leben und sein Glücksgefühl selbst verantwortlich. Sei glücklich – auch wenn es anderen vielleicht nicht gefällt. Dadurch stellst du sicher, daß du nie ein »Pflegefall« wirst und anderen durch Jammern, Wehklagen oder sonstwie zur Last fällst. Andere leben manchmal so sehr in selbstverursachtem Elend, daß jeder glückliche Mensch eine Provokation für sie darstellt. Mache dir nichts daraus, sondern reiße sie mit – wenn sie dazu bereit sind. Mache aus deinem Leben ein Fest – es gibt keine Sünde (es sei denn, du glaubst an diesen Blödsinn)! Wenn du glücklich bist, wächst in dir *automatisch* der Wunsch, anderen zu helfen und zu dienen. So wirst du ein Segen für die anderen. Also: Hilf anderen nie, glücklich zu werden (falsch verstandene Pietät), sondern werde *erst* einmal selbst glücklich – nur dann kannst du für die anderen dasein – aus vollem Herzen!

Glücklich zu sein
ist der einfachste Weg,
ein guter Mensch zu werden.
(Eugene O'Neill)

Beispiel 37:
Dein Mann erwartet von dir, daß du den Abend mit ihm vor dem
Fernseher verbringst, obwohl dich eine Freundin ins Theater eingeladen hast. Falsches Verhalten: Du erfüllst die Erwartungen deines
Mannes und ärgerst dich beim Fernsehen, daß du nicht ins Theater
gegangen bist. Dein Mann bekommt deine schlechte Laune mit und
ärgert sich nun ebenfalls. Richtiges Verhalten: Du bereitest deinem
Mann ein liebevolles Abendessen und gehst dann mit deiner Freundin
ins Theater. Du weißt: Wenn dein Mann deshalb sauer ist, ist das *sein*
Problem, *seine* Erwartung und *seine* Chance, Toleranz zu lernen – es
ist nicht deine Aufgabe, deinem Mann durch falsch verstandenes Ar-
tig-Sein die Lektionen abzunehmen.

Ich nehme die Menschen so, wie sie sind

Oft ärgert man sich auch über einen anderen, weil er rücksichtslos,
intolerant und gemein ist. Wenn du dich wirklich liebst, wenn du dir
wirklich jede Freiheit einräumst, dann fällt es dir jetzt auch leicht, dich
über andere nicht zu ärgern, sondern sie so zu akzeptieren, wie sie
sind. Du könntest dich auch über Fehlverhalten anderer ärgern – aber
warum solltest du das tun? Es bringt dir nichts als Ärger! Konrad Adenauer sagte einmal: »Nimm die Menschen so, wie sie sind – es gibt
keine anderen.« Akzeptiere: **Jeder hat das Recht, so zu sein, wie er
einmal ist,** und dann klug zu werden, wenn *er* dazu bereit ist. Vielleicht kann er gerade nicht anders. Versuche nie, andere zu ändern –
erstens hast du nicht das Recht dazu, und zweitens klappt es sowieso
nicht! Mit dem Maß, mit dem du mißt, wirst du gemessen werden. **Sei
also kein »Weltverbesserer«, sondern ein »Menschenfreund«.** Wahre
Stärke zeigt sich in Toleranz! Wenn die Menschen wüßten, daß es zu
nichts verpflichtet, jemanden bedingungslos zu akzeptieren, ihm *jetzt*
Liebe zu geben – als Geschenk des Augenblicks, es gäbe statt falscher
Erwartungen und Enttäuschungen ein Meer von Liebe und wahrer
Freiheit. Jemanden jetzt zu lieben verpflichtet zu nichts! Jemanden
jetzt zu lieben bedeutet einfach: mit dem Leben zu tanzen. Du kannst
heute damit anfangen.

Beispiel 38:

Beim Gala-Dinner diskutiert ein Gast stundenlang über Alice Schwarzer. Falsches Verhalten: Du ärgerst dich über seine »Engstirnigkeit«. Möglicherweise fühlst du dich stark, während du dies vor anderen Gästen kritisierst. In Wirklichkeit ist diese eingebildete Stärke nur eine versteckte Schwäche. Wenn du zum Beispiel bei einem Alice-Schwarzer-Freundestreffen eingeladen wärst, würdest du dich dort sicherlich sehr unwohl fühlen. Richtiges Verhalten: Du akzeptierst, daß es Leute gibt, die gerne stundenlang über Alice Schwarzer reden, und wendest dich den Gesprächen zu, die für dich angenehmer sind, oder du springst sogar über deinen eigenen Schatten und quatschst einfach ein bißchen mit.

Experiment 5:

1) Sage deinem Partner fünf Minuten lang, was du an dir magst. Dein Partner hört dir zu und sagt jedesmal nur: »Ja, das stimmt!« Keine Diskussion, kein Kommentar, nur einfach: »Ja, das stimmt.« Beobachte, was dabei in dir geschieht. Dann tauscht die Rollen, und dein Partner sagt dir, was er an sich mag, und du antwortest mit »Ja, das stimmt!«

Beispiel 39:
Du sagst: »Ich habe wunderschöne Augen, eine tolle Figur und sinnliche Lippen.« Dein Partner antwortet: »Ja, das stimmt!« Du fährst fort: »Ich bin tolerant, liebenswert und verständnisvoll.« Dein Partner antwortet: »Ja, das stimmt!«

2) Stelle dir morgens vor dem Aufstehen folgende Fragen:
Will ich heute Ärger oder Liebe erleben?
Will ich im anderen Mängel oder Liebe entdecken?
Will ich von anderen Liebe erwarten oder selbst Liebe geben?

3) Springe morgens aus dem Bett, mache einen Indianertanz und rufe dabei: »Ich mag mich! Ich mag mich! Ich mag mich!« Spüre, wie
deine Liebe zu dir selbst deinen ganzen Körper durchströmt, wie
du dich selbst mit Energie auflädst. Wenn du magst, höre dazu die
Musik von Gloria Gaynor: »I am what I am« (auf deutsch: Ich bin,
wie ich bin.) oder von Stevie Wonder: »Happy Birthday« – (auf
Deutsch: Herzlichen Glückwunsch zum Geburtstag). Jeder neue
Tag bietet die Chance eines ganzen Lebens, oder auch: »**Jeden
Morgen ist Welturaufführung!**«

4) Lies dir jeden Morgen das Gedicht »Mit Liebe im Herzen«
(s. Gleichnis 11, Seite 176) oder »Morgenmeditation« (Gleichnis
12, Seite 177) vor, oder nimm es auf Tonband auf und höre es

jeden Morgen direkt nach dem Aufwachen. »Erschaffe« dabei jede Zeile in deinem Herzen, lade sie mit einem starken Gefühl der Freude und Dankbarkeit auf und beobachte, was dabei in dir geschieht.

5) Stelle dich morgens fünf Minuten lang vor den Spiegel und mache deinem Spiegelbild in Worten oder Gedanken eine Liebeserklärung! Verlasse den Spiegel nicht, bevor du deine Liebe zu dir in jeder Zelle deines Körpers fühlst. Halte durch! Was vielleicht auf den ersten Blick etwas komisch aussieht, ist tatsächlich eine der effektivsten Übungen für einen guten Start in den Tag und eine wirklich ausgezeichnete Methode, von innen schön zu werden. Sprich deine »Liebeserklärung« in der 1., 2. und 3. Person (Ich, du, er/sie).

Beispiel 40:
Du stellst dich morgens nach dem Duschen vor den Badezimmerspiegel und sagst: »Ich bin schön, liebenswert und ein fabelhafter Kumpel.« Oder: »Klaus, du bist schön, liebenswert und ein fabelhafter Kumpel.« Oder: »Klaus ist schön, liebenswert und ein fabelhafter Kumpel.« usw.

6) Notiere und ergänze immer wieder auf den Arbeitsblättern 21–24:
   – Die zehn schönsten Augenblicke meines Lebens (Halte aber nicht an ihnen fest, sie ändern sich andauernd, denn die allerschönsten Augenblicke deines Lebens liegen ja noch vor dir!)
   – Zehn Dinge, die ich gern tue.
   – Zehn Menschen, die ich gerne mag.
   – Zehn Dinge, die ich mag an mir.

7) Beschreibe einmal deinen Partner fünf Minuten lang, ohne ihn zu bewerten. Laß jede Bewertung – egal, ob positiv oder negativ – los. Dein Partner antwortet: »Ja, das stimmt.« Sprecht darüber, wie es für euch war, diese Übung zu machen.

Beispiel 41:
Du sagst zu deinem Partner »Du hast hellgrüne Augen und kasta-

nienbraunes Haar.« Dein Partner antwortet: »Ja, das stimmt.«
(Also diesmal nicht: Du hast »schöne« Augen – das wäre schon
eine – wenn auch positive – Bewertung).

8) Triff dich mit einigen Freunden, und rufe mit ihnen im Chor:
»Heute bin ich für heute o. k.« Steigert euch richtig rein!

9) Gehe unter Menschen, und verhalte dich ganz so, wie es dir gerade entspricht. Sei du selbst. Bewerte nicht die Reaktionen der anderen, denn die sind deren Problem. Laß dich angenehm überraschen, wieviel Freiraum dir zur Verfügung steht!

10) Frage dich einmal, wo deine Moral- und Anstandsgrenzen sind. Fülle das Arbeitsblatt 25 aus: »Wenn ich könnte, wie ich wollte, würde ich am liebsten . . .« Übertrete einmal bewußt deine Moral- und Anstandsschranken – aber respektiere dabei immer die Würde, Freiheit und Grenzen des anderen. Übersteige also *deine* Grenzen, ohne die anderen zu verletzen.

11) Notiere zu dem Arbeitsblatt 26 zehn Eigenschaften, die dich an dir oder anderen stören. Gewinne jeder dieser Eigenschaften eine positive Seite ab, erkenne die positive Kehrseite der Medaille. Zum Beispiel: Wer faul ist, ist auf der anderen Seite vielleicht ein Genießer, wer sich abstreßt, ist möglicherweise gewissenhaft und zuverlässig.

12) Ankere deine Erfolgserlebnisse in Selbstliebe, Toleranz und Skrupelüberwindung. Fülle die Arbeitsblätter 27 (Zehn Erfolgserlebnisse in Selbstliebe), 28 (Zehn Erfolgserlebnisse in Toleranz) und 28 (Zehn Erfolgserlebnisse in »Hemmungen über Bord werfen«) aus.

13) Mache eine Feuermeditation (näheres s. Experiment 01). Verbrenne den Zettel zu Arbeitsblatt 26 und sage dabei: »Ich höre auf, mich oder andere ändern zu wollen. Ich akzeptiere ab sofort jeden Menschen bedingungslos so, wie er ist. Ich akzeptiere auch mich selbst so, wie ich bin. Heute bin ich für heute o. k. Heute sind wir alle für heute o. k. Ich tue, was mir Spaß macht, und setze damit den Grundstein für ein erfülltes und glückliches Leben. Ich kann es, ich weiß es, ich schaffe es.«

Arbeitsblatt 21 (Muster):
Die zehn schönsten Augenblicke meines Lebens

Kennwort: 01............................ Datum: 19.11.1987..............................

01) Mit Maria im Hotel in Locarno übernachtet.

02) Nach tiefstem Schmerzgefühl Wiederauferstehung – Autofahrt nach Bonn.

03) Mit Tina auf Ibiza beim Sex nur Blödsinn gemacht.

04) Romantischer Sonnenuntergang Hand in Hand mit Dalilah.

05) »Erleuchtung« im Intercity von Wiesel nach Bern.

06) Bodymassage von Thailänderin in Thailand.

07) Die Wasserfälle in Iguassu gesehen – eins mit der Natur an einem romantischen Abend.

08) Bei einer Massage in »Ekstase« geraten.

09) Bei einem Geschäftspartner aufs Herz und nicht auf den Verstand gehört und daraufhin Riesenfreude.

10) Perlenkette gefunden und Spielsachen gekauft.

Arbeitsblatt 21
Die zehn schönsten Augenblicke meines Lebens

Kennwort: .... Datum: ....

01) ....

02) ....

03) ....

04) ....

05) ....

06) ....

07) ....

08) ....

09) ....

10) ....

Arbeitsblatt 22 (Muster):
Zehn Dinge, die ich gerne tue

Kennwort: 01 .... Datum: 19.11.1987 ....

01) Windsurfen ....

02) Skilaufen ....

03) In die Sauna gehen ....

04) Flirten ....

05) Schmusen ....

06) Tanzen, dabei ausflippen ....

07) Kleine Streiche anstellen ....

08) Wildwasserfahren ....

09) Meditieren und Musik hören ....

10) Kurzurlaube machen ....

158

Arbeitsblatt 22
Zehn Dinge, die ich gerne tue

Kennwort: .... Datum: ....

01) ....

02) ....

03) ....

04) ....

05) ....

06) ....

07) ....

08) ....

09) ....

10) ....

Arbeitsblatt 23 (Muster):
Zehn Menschen, die ich gerne mag.

Kennwort: 01 .... Datum: 19.11.1987 ....

01) Kurt ....

02) Renate ....

03) Jochen ....

04) Elke ....

05) Angelika ....

06) Erni ....

07) Gustl ....

08) Gert ....

09) Oma ....

10) Mamma Dina ....

160

Arbeitsblatt 23
Zehn Menschen, die ich gerne mag.

Kennwort: .... Datum: ....

01) ....

02) ....

03) ....

04) ....

05) ....

06) ....

07) ....

08) ....

09) ....

10) ....

Arbeitsblatt 24 (Muster):
Zehn Dinge, die ich mag an mir.

Kennwort: ..01...................... Datum: ..19.11.1987..........................

01) Humor, ein Narr sein ....

02) Liebe zu allem, was mir begegnet ....

03) Fleiß ....

04) Meine Stärke, Konfrontationen zu meistern und Kraft zu spüren ....

05) Klarheit und Reinheit im Denken und Handeln – wie eine Planierraupe ....

06) Gewissenhaftigkeit und Behutsamkeit in der Wahl der Mittel ....

07) Leichtigkeit und Beschwingtheit ....

08) Zärtlichkeit ....

09) Bedingungslose Ehrlichkeit und Deutlichkeit in Wort, Tat und Gefühl ....

10) Alles genießen können und Liebe annehmen können ....

162

Arbeitsblatt 24
Zehn Dinge, die ich mag an mir.

Kennwort: ....   Datum: ....

01) ....

02) ....

03) ....

04) ....

05) ....

06) ....

07) ....

08) ....

09) ....

10) ....

Arbeitsblatt 25 (Muster):
Wenn ich könnte, wie ich wollte, würde ich . . .

Kennwort: 01 .... Datum: 19.11.1987 ....

01) Mehr flirten ....

02) Öfter Spritztouren zum Gardasee machen ....

03) Gutaussehende Frauen um mich scharen ....

04) Eine Penthauswohnung mieten ....

05) Noch dankbarer sein ....

06) Schönes Essen kochen ....

07) Mehr Blödsinn anstellen ....

08) Eine Abenteuerreise machen ....

09) Weniger arbeiten und mehr genießen ....

10) Mich noch gesünder ernähren ....

164

Arbeitsblatt 25
Wenn ich könnte, wie ich wollte, würde ich . . .

Kennwort: ....   Datum: ....

01) ....

02) ....

03) ....

04) ....

05) ....

06) ....

07) ....

08) ....

09) ....

10) ....

Zehn Dinge, die mich an mir/anderen stören und deren positiver Aspekt.

Kennwort: ..01............................ Datum: ..19.11.1987........................

Auffälligkeit   Positiver Aspekt

01) Jemand redet mit lauter disharmonischer Stimme in der Gegend herum – der Mann hat Mut, seine Stimme aus sich rauszulassen.
....

02) Jemand ist geizig – er ist zugleich bescheiden.
....

03) Jemand ist wehleidig – er ist bereit, Schwächen zu zeigen.
....

04) Jemand lügt – er will den anderen nicht weh tun. Er ist diplomatisch.
....

05) Jemand ist unzuverlässig – er lebt bewußt im »Hier und Jetzt.«
....

06) Jemand klammert – er ist bestimmt beharrlich.
....

07) Jemand ist berechnend in der Wahl seiner Freunde – er ist sicher ein Meister im zielorientierten Denken.
....

08) Jemand brüllt mich an – er macht aus seinem Herzen keine Mördergrube.
....

09) Jemand erzählt mir stundenlang, wie leidvoll alles doch ist – sie sagt aufrichtig, was sie empfindet.
....

10) Jemand behandelt mich wie einen kleinen Jungen – er hat keine Hemmungen, gibt sich, wie er ist.
....

Arbeitsblatt 26
Zehn Dinge, die mich an mir/anderen stören und deren positiver Aspekt.

Kennwort: .... Datum: ....

Auffälligkeit   Positiver Aspekt

01) ....

02) ....

03) ....

04) ....

05) ....

06) ....

07) ....

08) ....

09) ....

10) ....

Arbeitsblatt 27 (Muster):
EA – Zehn Erfolgserlebnisse in Selbstliebe.

Kennwort: 01........................... Datum: 20.11.1987............................

01) Pressekonferenz, ich werde attackiert. Ich brülle durch den Saal: Ich gedenke nicht, mich zu ändern, nur weil Sie es wollen, ich mag mich, wie ich bin – der Saal tobt vor Begeisterung.........................

02) Ein Seminarteilnehmer greift mich an und meint, mein Seminar sei nicht gut und ich sei ein Scharlatan – ich schmeiße ihn raus und sage der Gruppe: »Es kann sein, daß dieser Mann recht hat – aber er stört.«........................

03) Ich lade eine Frau zu mir in die Wohnung ein (Pilotin), sie mosert herum – ich lasse sie »im Regen stehen«........................

04) Ich bin auf einem Tantra-Seminar und lerne drei Frauen gleichzeitig kennen, bin der »Star der Gruppe«........................

05) Ich gehe mit einer geistigen Führerin spazieren, plötzlich fühle ich mich frei von der Jüngerrolle, und ich hebe sie hoch und trage sie durch einen Bach........................

06) Ich stehe morgens vor dem Spiegel und sage zu mir: »Klaus, ich mag dich!«........................

07) Ich surfe den ersten Tag und falle etwa dreißigmal hin, stehe aber jedesmal wieder auf, bis ich es kann – ich finde mich toll........................

08) Ich tanze, wie ich mag – andere schauen und lästern darüber, mir ist das völlig egal........................

09) Rita wollte mich durch langes »Herumlabern« am Telefon herunterziehen, aber ich habe meine Intuition gefragt, verblüffend geantwortet und ihr damit geholfen........................

10) Ich bin bei einer Firmenveranstaltung und gehe abends mit etwa 50 Mitarbeitern in eine Kneipe und trinke mit ihnen Bier bis zum frühen Morgen........................

168

Arbeitsblatt 27
EA – Zehn Erfolgserlebnisse in Selbstliebe.

Kennwort: .... Datum: ....

01) ....

02) ....

03) ....

04) ....

05) ....

06) ....

07) ....

08) ....

09) ....

10) ....

EA – Zehn Erfolgserlebnisse in Toleranz.

Kennwort: 01 .... Datum: 21.11.1987 ....

01) Ein Kollege macht mich dauernd hinter meinem Rücken schlecht – ich lade ihn zum Essen ein, und wir entdecken unsere Liebe füreinander.

02) Ich mache eine Seminargruppe mit und übernachte dabei auf dem Fußboden in einem Massenlager und akzeptiere es nicht nur, sondern finde es sogar lustig.

03) Ich spiele um Geld und bin in einer Mannschaft mit einem tätowierten Rocker – ich entdecke seine Sensibilität, und wir liegen uns in den Armen wie Verliebte.

04) Meine Freundin hat, als ich aus dem Urlaub komme, sich einen Zweitfreund angeschafft – ich lade beide zum Essen ein, und wir haben viel Spaß zu dritt.

05) Mein Boss hat mich früher sehr geärgert. Bei meinem Firmenwechsel hat er einen Vertragsfehler gemacht, demzufolge mir aus diesem Vertrag noch DM 10000 zustehen. Ich weiß, daß ich das Geld nicht verdient habe, und verzichte darauf, obwohl ich in finanziellen Nöten bin. Ich habe ihn inzwischen so akzeptiert, wie er ist.

06) Ich bekomme Besuch von einem Freund, der ein Fanatiker im Kraftsport ist. Ich stelle mich auf ihn ein, und wir sprechen das ganze Wochenende lang nur über Kraftsport.

07) Ich bin bei einer geistigen Führerin und höre ein Seminar, das ich »bescheuert« finde – ich bleibe sitzen und erkenne nach zwei Tagen den Sinn des Seminars.

08) Auf einem Seminar umarmt mich ein Teilnehmer, den ich zuerst stinkend und widerlich finde – ich stehe diese Erstreaktion durch und entdecke meine Sympathie für ihn.

09) Ernst erzählt nur technischen Kram, der mich nicht interessiert – ich stelle mich auf ihn ein, spreche über Technik, aber in der Sprache der Liebe, und er mag mich.

10) Ich bekomme eine mittelmäßige Massage und muß dafür »unverschämt« viel Geld zahlen. Meine innere Stimme sagt mir, ich soll das akzeptieren, und ich akzeptiere es und bringe der Masseurin das nächste Mal sogar eine Rose mit.

Arbeitsblatt 28
EA – Zehn Erfolgserlebnisse in Toleranz.

Kennwort: .... Datum: ....

01) ....

02) ....

03) ....

04) ....

05) ....

06) ....

07) ....

08) ....

09) ....

10) ....

Arbeitsblatt 29 (Muster):
EA – Zehn Erfolgserlebnisse im Hemmungen über Bord werfen.

Kennwort: 01 .... Datum: 22.11.1987 ....

01) Ich probiere mit meiner Freundin alle »speziellen« Sexphantasien aus, die uns einfallen. ....

02) Ich tätschle eine wildfremde Frau in Schwabing am Po. ....

03) Ich steige in ein Spiel um viel Geld ein, das ich nach moralischen Gesichtspunkten verwerflich und unvernünftig finde, nur um eine Grenze zu überwinden. ....

04) Ich klaue eine Postkarte, um einer Freundin die Freiheit von Moralvorstellungen zu demonstrieren. ....

05) Ich erreiche die Maschine zum Flug nach München fünf Minuten vor Abflug, es ist kein Platz mehr verfügbar, alle Passagiere sind schon in der Maschine. Ich »stürme« den Abfertigungsschalter und renne quer übers Flugfeld. ....

06) Ich sitze in einem Zug. Der Zug läßt eine Haltestelle aus und hält das nächste Mal vier Stunden nach meinem Ziel – ich springe aus dem fahrenden Zug. ....

07) Ich schenke einer bezaubernden Frau eine Rose. ....

08) Ich gebe meinem Vater Kontra, es kommt zu einer Aussprache, und wir werden gute Freunde. ....

09) Ich halte ein Seminar auf einem Dorf und übernachte bei dem Veranstalter. Ich habe ein Rendezvous mit einer Frau. Sie steht draußen, ich kann sie aber nicht reinholen, weil der Veranstalter zugesperrt hat, es im Erdgeschoß keine zu öffnenden Fenster gibt und der Veranstalter sich taub stellt. Ich klettere aus dem WC-Fenster im 1. Stock und hole sie über die Garagendächer in mein Zimmer. ....

10) Ich rauche einen Joint (Haschisch) – und entdecke dann, daß ich durch Meditation in viel schönere Ekstasen kommen kann. ....

172

Arbeitsblatt 29
EA – Zehn Erfolgserlebnisse im
Hemmungen über Bord werfen.

Kennwort: ....   Datum: ....

01) ....

02) ....

03) ....

04) ....

05) ....

06) ....

07) ....

08) ....

09) ....

10) ....

Gleichnis 11:
Mit Liebe im Herzen . . .

Mit Liebe im Herzen begrüße ich den neuen Tag.

Ich liebe die Sonne, weil sie mich wärmt.
Ich liebe den Regen, weil er mich reinigt.
Ich liebe den Morgen, weil mit ihm neues Leben erwacht.
Ich liebe den Abend, weil mit ihm meine Seele heimkehrt.
Ich liebe den Frühling, weil er mich neu belebt.
Ich liebe den Sommer, weil er mir Kraft gibt.
Ich liebe den Herbst, weil er mir Reife verleiht.
Ich liebe den Winter – Weisheit, Frieden, es ist vollbracht.
Ich liebe glückliche Stunden, weil sie mein Herz öffnen.
Ich liebe traurige Stunden, weil sie meine Seele öffnen.
Ich liebe Schwierigkeiten, weil ihre Lösung mich reich beschenkt.
Und ich liebe alle Menschen, weil jeder von uns »göttlich« ist.

Gleichnis 12:
Morgenmeditation

Dank sei Dir, Gott in mir, für diesen Tag mit seiner Fülle neuer Möglichkeiten und Beglückungen, die ich freudig willkommen heiße.

Dank sei Dir, Gott in mir, daß Du auch heute meine Schritte lenkst und bewirkst, daß alles zu meinem Besten ausschlägt.

Dank sei Dir, Gott in mir, daß Du mich auch heute behütest und mir die Möglichkeit gibst, jeden, dem ich begegne, froher, glücklicher und reicher zu machen.

Dank sei Dir, Gott in mir, daß Du mein Herz mit Freude und Vertrauen erfüllst und mit der Gewißheit, daß alles gut ist.

Dank sei Dir, Gott in mir, daß Du mir bewußt machst, auf welche Weise ich daheim und bei der täglichen Arbeit mein Bestes geben kann, und mir die Kraft gibst, zu tun, wozu mein Herz mich treibt.

Dank sei Dir, Gott in mir, daß Du mir täglich aufs neue die Möglichkeit gibst, Wirker deines Willens zu sein, anderen zu dienen und das Glück in der Welt zu mehren.

Dank sei Dir, Gott in mir, daß Du mich zum Kanal der Fülle machst, für mich wie für die Wesen um mich herum, so daß ich am Abend erneut Grund und Anlaß habe zu bekennen:

Dank sei Dir, Gott in mir.

Ich bin bewußt und im Hier und Jetzt

Ich befähige meine Mitmenschen
Manchmal neigt man dazu, Mitmenschen in bestimmte Schubladen einzusortieren und dort nicht wieder herauszulassen. So entstehen Vorurteile, wie: Frauen in der Großstadt sind abweisend, Chefs sind arrogant und so weiter. Das stimmt aber gar nicht. Forschungen haben gezeigt, daß ein und dieselbe Person in den verschiedensten Situationen einmal abweisend, einmal arrogant, ein anderes Mal liebevoll reagiert. Menschen sind also nicht »so«. Frauen sind nicht abweisend, sie sind nur abweisend, wenn du das gerade in ihnen *hervorrufst*. Chefs sind gar nicht arrogant, sie sind nur arrogant, weil du diese Eigenschaft in sie hineinprojizierst und dadurch eine entsprechende Reaktion auslöst. Woher kommt die Tendenz, in andere Negatives hineinzuprojizieren? Zum einen beruht sie auf dem Wunsch, auf unangenehme Überraschungen vorbereitet zu sein. Zum anderen auf der Idee, man müßte andere niedermachen, um dann im Verhältnis mehr Macht und Ansehen zu haben. Diese Strategie erweist sich regelmäßig als »Waterloo«: Wer von anderen Schlechtes erwartet, dem wird von anderen Schlechtes widerfahren (Resonanzgesetz). Wer andere niedermacht, wird von anderen niedergemacht. Wer mit dem Schwert kämpft, wird durch das Schwert umkommen. Darüber hinaus schadet alles Schlechte, was du über einen anderen denkst, in erster Linie erst einmal dir selbst. Mache doch einmal ein Experiment: Denke gerade einmal eine Minute lang schlecht von mir, was ich für ein mieser Kerl sein könnte etc. – und fühle nach dieser Minute, wie *du* dich fühlst. Dann denke einmal eine Minute lang positiv über mich, was für ein feiner Mensch ich bin – und fühle nach dieser Minute erneut, wie *du* dich fühlst. Dieses Beispiel kann dir auch klarmachen, was *du* dir antust, wenn du über die böse Konkurrenz negativ denkst, ihr alles Schlechte wünschst oder sogar negativ über sie sprichst – bevor diese

177

Gedanken sich über die Konkurrenz verteilen, haben sie dich schon dreimal getroffen. Konkurrenz gibt es nur für Menschen, die noch im Steinzeitalter leben. Sieh lieber zu, daß du alle Menschen in deiner Welt befähigst – auch die Konkurrenz.

Sieh also Frauen, deinen Chef oder auch die Konkurrenz, einmal anders. Schaffe in dir neue Glaubenssätze wie: Frauen lernen gerne Männer kennen. Chefs suchen gern menschlichen Kontakt zu ihren Angestellten. Wenn im anderen nur ein Funken von dieser Fähigkeit vorhanden ist, rufst du diese Fähigkeiten in ihm hervor. Laß dich überraschen, wie sich dadurch Menschen ändern. Wer es sich leistet, andere für großartig zu halten, der lebt in einer großartigen Welt. Befähige den anderen, das heißt denke positiv von ihm (gleich, wie bisher die Praxis aussah): Der schafft das. Der kann das. In dem steckt ein guter Kern. Sei aber auch bereit, dich von anderen befähigen zu lassen. Ein Tip für hartnäckige Fälle: Befähige die anderen, dich zu befähigen. Das bedeutet soviel wie: Halte es für möglich, daß dich Menschen, die dich bisher nicht leiden mochten, plötzlich ganz passabel finden – und Wunder können in deinem Leben geschehen. Befähige deine Umwelt. Dein Herz bietet Platz für die verschiedensten großartigen Menschen – in friedvoller Koexistenz – wenn du es zuläßt!

Beispiel 42:
Du möchtest eine Frau (einen Mann) kennenlernen, hast aber die innere Einstellung, daß Frauen (Männer) abweisend sind. Falsches Verhalten: Du redest das Blaue vom Himmel herunter und versuchst, mit Münchhausens Abenteuern Eindruck zu schinden. Die Frau (der Mann) fand dich eigentlich ganz nett und wollte dich auch kennenlernen. Aber als sie (er) deine Angebereien hörte, dachte sie (er): »Eigentlich ganz nett, aber er (sie) scheint Minderwertigkeitskomplexe zu haben. Ich glaube, ich lasse besser die Finger von ihm (ihr).« Richtiges Verhalten: Du befähigst Menschen, dich so zu mögen, wie du halt einmal bist (siehe 5. Kapitel »Ich liebe erst einmal mich selbst«), verhältst dich genauso, wie es dir gerade entspricht, und machst dich auf alles gefaßt.

Beispiel 43:
Du hältst deinen Chef für einen Ausbeuter. Eines Tages wirst du zu deinem Chef gerufen. Falsches Verhalten: Du betrittst das Chefzimmer betont arrogant, um dir äußere Stärke zu geben. Dein Chef will dich eigentlich zu einem Bundesligaspiel einladen, sieht jetzt aber deine Haltung und denkt: »Das wollen wir mal sehen, wer der Stärkere ist«, und fängt an, an deiner Arbeitsweise herumzukritisieren. Richtiges Verhalten: Du befähigst deinen Chef, ein aufrichtiges Interesse an seinen Angestellten zu haben, betrittst das Chefzimmer lässig und aufgeschlossen und freust dich über die angenehme Überraschung.

Beispiel 44:
Du hast das Gefühl, dein Partner bringt dir zuwenig Liebe entgegen. Falsches Verhalten: Du beschuldigst deinen Partner, er sei unfähig zu lieben. Richtiges Verhalten: Du hältst es für möglich, daß in deinem Partner ein Mensch steckt, der sehr viel Liebe geben kann und möchte, und fangst damit an, ihm deinerseits Liebe zu geben, unabhängig davon, ob welche zurückkommt oder nicht. Hierbei kommt es darauf an, daß du deine Liebe in einer Form und in einem Maß gibst, die dein Partner annehmen kann. Dränge deine Liebe auch nie auf, sondern biete sie nur an. Halte dieses Experiment einige Wochen durch, *gleich*, was geschieht. Ergebnis: Entweder dein Partner taut auf – oder dieser Mensch ist einfach nicht dein Partner. Im letzteren Fall führe eine Aussprache herbei und trenne dich von ihm. Suche dir einen Partner, der besser zu dir paßt.

Beispiel 45:
Du hast dich für eine relativ trübe Tasse gehalten und kommst mit einem Bekannten ins Gespräch. Im Laufe der Unterhaltung sagt dir dein Bekannter, daß er dich für einen lebenslustigen Abenteurer hält. Falsches Verhalten: Du machst deinem Bekannten klar, daß das gar nicht stimmt. Richtiges Verhalten: Du läßt zu, daß dein Bekannter dich befähigt und denkst: »In mir steckt ein Abenteurer – vielleicht stimmt das wirklich? Ich will es einmal ausprobieren!« Du meldest

dich zur nächsten Trekkingtour in Nepal an. Dort genießt du den Hauch von Abenteuer und änderst daraufhin dein Leben.

Beispiel 46:
Du glaubst, daß deine Mutter dich immer für schüchtern gehalten hat. Falsches Verhalten: Du bist längst erwachsen, aber immer wenn du deine Mutter siehst, fällst du wieder in die Rolle des schüchternen, kleinen Jungen. Richtiges Verhalten: Du befähigst deine Mutter, dich zu befähigen, das heißt, du hältst es für möglich, daß deine Mutter es für möglich hält, daß du in Wirklichkeit ein starker Typ bist. Ergebnis: Du kannst ein starker Typ sein, auch wenn deine Mutter in deiner Nähe ist.

Gleichnis 13:
Der Tempel der 1000 Spiegel

Es war einmal vor vielen, vielen Jahren in Indien. Da stand mitten im Urwald ein Tempel aus purem Gold. Innen war er mit Tausenden von Spiegeln ausgeschmückt, so daß man sich dort tausendfach widerspiegeln konnte. Eines Tages kam ein Hund zu dem Tempel. Er freute sich über seine Entdeckung und glaubte, nun ein reicher Hund zu sein, als er das viele Gold sah. Aber als er in den Tempel hineinging, sah er sich Tausenden von Hunden gegenüber. Er wurde furchtbar wütend, daß ihm die anderen Hunde zuvorgekommen waren, und fing an zu bellen. Doch die anderen Hunde bellten zurück, denn es waren ja seine Spiegelbilder. Er geriet darüber noch mehr in Zorn. Aber die Hunde, denen er gegenüberstand, wurden auch immer zorniger. Schließlich wurde seine Wut so groß, daß sie ihn umbrachte. Der Hund fiel tot um. Viele, viele Jahre später kam wieder einmal ein Hund zum Tempel der tausend Spiegel. Auch er ging hinein und sah sich Tausenden von Hunden gegenüber. Dieser Hund aber freute sich, daß er in seiner Einsamkeit Gesellschaft gefunden hatte, und wedelte mit dem Schwanz. Da wedelten tausend Hunde zurück, und er freute sich, daß sich die anderen freuten, und die Freude wollte kein Ende finden. Von nun an ging er öfter zu dem Tempel, um sich zusammen mit den anderen Hunden zu freuen. Der gleiche Ort, der für den einen ein Ort des Todes war, war für den anderen ein Ort der Freude.

Alles, was wir außen sehen, ist nur ein Spiegelbild unseres Innenlebens. Es ist wie bei einer Kamera: Sobald wir unsere Ein-stellung ändern, ändert sich das, was wir im Äußeren erleben.

Gleichnis 14:
Der Einäugige und der Blinde

Auf einer Geschäftsstraße in New York lebten zwei Kaufleute, einer gerissener als der andere. Weil sie beide mit Edelsteinen handelten, hielten sie sich für Konkurrenten und versuchten, einander zu schaden, wo es nur möglich war. Eines Tages fand einer der beiden Kaufleute im nahegelegenen Central Park eine Flasche, und als er den Korken öffnete, stieg aus dieser Flasche eine wunderschöne Fee hervor. Sie sagte: »Du hast mich aus dieser Flasche befreit, dafür hast du einen Wunsch frei – aber unter einer Bedingung: Derjenige, den du am wenigsten liebst, bekommt davon das Doppelte.« In seinem Zorn wünschte sich der Geschäftsmann, ein Auge zu verlieren – er wurde einäugig und sah voller Schadenfreude, wie sein ärgster Konkurrent schlagartig auf beiden Augen erblindete. Aber die Geschichte geht noch weiter: Der blinde Geschäftsmann wurde einsichtig: Er erkannte aus diesem Schicksalsschlag, daß es Dinge gibt, die man mit keinem Geld der Welt bezahlen kann. Ihm wurde klar, wie sehr er in seiner Profitgier am Leben vorbeigelebt hatte, er verkaufte seinen Laden und besuchte von dem Erlös die großen Weisen seiner Zeit, um dem Geheimnis des wahren Glücks auf die Spur zu kommen. Er arbeitete intensiv an sich, und nach drei Jahren kehrte er zurück als blinder, aber aus tiefstem Herzen glücklicher Mann. Der Nachfolger seines Geschäftes hatte den Laden so sehr heruntergewirtschaftet, daß er ihn für den letzten Rest seiner Ersparnisse zurückkaufen konnte. Durch seine liebenswerte Art lernte er eine liebe Frau kennen, die ihm bei der Bewirtschaftung des Ladens zur Hand ging, und lebte glücklich bis an sein Lebensende.

Mit drei Schritten in eine bessere Welt

Wenn dein Befähigen nicht sofort funktioniert, dann mach dir klar: Du kannst andere nur zu Tugenden befähigen, die du selbst in dir trägst (Resonanzgesetz). Wenn du in anderen etwas hervorrufen möchtest, mußt du also erst einmal selbst ein guter Resonanzboden sein. Dann fällt es dir leicht, mit drei Schritten in eine bessere Welt zu gehen:

1. Du erschaffst Liebe, Lebensfreude, Gelassenheit und so weiter in dir selbst.

2. Du hältst es für möglich, daß in deinen Mitmenschen ebenfalls Liebe, Lebensfreude und Gelassenheit schlummert.

3. Du sprichst im anderen *konsequent* den Liebevollen, den Lebenslustigen, den Gelassenen an.

Beispiel 47:

Du möchtest, daß deine Umwelt weniger über Probleme spricht und mehr das Leben genießt. Falsches Verhalten: Du ärgerst dich über deine Umwelt und fragst, warum sie so viel über Probleme spricht. Richtiges Verhalten: Du stellst dir vor, wie es ist, das Leben zu genießen, Spaß zu haben, Lebensfreude am ganzen Körper zu spüren (1. Schritt). Dann stellst du dir vor, daß in deinen Mitmenschen auch die Sehnsucht nach einem Genießerleben vorhanden ist und daß im Grunde genommen in jedem Menschen auch ein Lebenskünstler schlummert (2. Schritt). Dann gehst du unter Leute und sprichst konsequent den Lebenskünstler im anderen an (3. Schritt).

Ich antworte auf Ärger mit Bewußtsein

Konrad Adenauer sagte einmal: »Wir leben alle im gleichen Himmel, aber wir sehen nicht alle den gleichen Horizont.« Ärger ist immer ein Zeichen von mangelndem Bewußtsein. **Antworte auf Ärger immer mit Bewußtsein.** Indem du bei jedem Ärgernis schlagartig bewußt wirst, bietest du nur noch Resonanz für Bewußtsein, das heißt, unbewußte Menschen werden entweder auch bewußt oder entfernen sich von dir. Bewußtsein wirkt Wunder, selbst wenn du angepöbelt wirst.

Deine Resonanz auf Angepöbelt-Werden läßt sich mit zwei Glocken vergleichen. Stelle dir vor, du bist die eine Glocke, und der andere, der dich anpöbelt, ist die andere Glocke. Stell dir vor, die eine Glocke stößt an die andere. Wenn beide Glocken hohl sind, klingt die andere zurück. Im Klartext: Du wirst angepöbelt und pöbelst zurück. Sobald eine der beiden Glocken gefüllt ist, ergibt sie keinen Ton. Im Klartext: Sobald dein Körper mit Bewußtsein gefüllt ist, können andere dich anpöbeln – du bietest keine Resonanz.

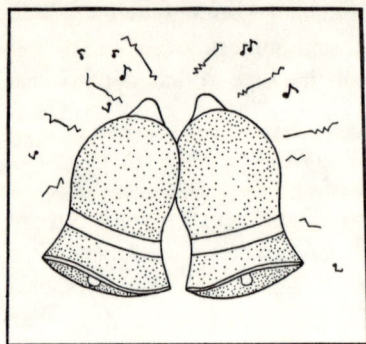

Also: Fülle dich mit Bewußtsein. Reagiere auf Ärgernisse weder mit Flucht noch mit Attacke, sondern mit Bewußtsein. Erhebe dein Bewußtsein, so als wenn du einen hohen Berg besteigst und von dort oben auf eine kleine Stadt siehst: Von dort oben sehen die Dinge ganz anders aus. Renne also im Krisenfall weder nach vorne (Aggression) noch nach hinten (Resignation), sondern nach »oben« (Bewußtsein). Also: »Nach oben bitte!«

Gleichnis 15:
Nach oben bitte!

Während einer ZEN-Meditation brach ein Erdbeben aus. Alle Schüler rannten ins Freie und flüchteten in panischer Angst. Als das Erdbeben vorbei war, kamen sie zurück und fanden ihren ZEN-Meister noch genauso dasitzen, wie sie ihn verlassen hatten. Sie fragten ihn: »Warum bist du denn nicht mit uns gerannt?« Der ZEN-Meister antwortete: »Ich bin auch gerannt – aber nach oben.«

Die Ebene, die ich im anderen anspreche, antwortet

Ein deutsches Sprichwort lautet: Wie man in den Wald hineinruft, so schallt es heraus. Also: Zeigst du dem anderen deinen keulenschwingenden Neandertaler, antwortet im anderen auch der keulenschwingende Neandertaler. Sprichst du im gleichen Menschen den Egoisten an, antwortet der Egoist. Sprichst du den Verstandesmenschen an, antwortet der Verstand im anderen. Sprichst du den Magier an, antwortet der Magier. Und: Sprichst du den Weisen an, antwortet der Weise.

Der Wechsel zwischen den Bewußtseinsebenen funktioniert wie die verschiedenen Stationstasten bei einem Radio: Drückst du auf UKW, empfängst du UKW, drückst du Mittelwelle, empfängst du einen Mittelwellensender, und drückst du Langwelle, empfängst du auf der langen Welle. Alle anderen Wellen sind zwar noch vorhanden, aber du kannst sie nicht wahrnehmen.

Ich erhalte Hilfe vom »Kosmischen Christall«

Du kannst im anderen nur die Bewußtseinsebene ansprechen, in der du dich selbst befindest (siehe auch »Mit drei Schritten in eine bessere Welt«, S. 183). Manche Menschen meinen, sie würden sich ein Leben lang in der gleichen Bewußtseinsebene befinden. Das stimmt aber nicht: Manchmal identifizieren wir uns mit dem Egoisten (im Winterschlußverkauf beim Gerangel um das letzte große Sonderangebot), mal mit dem Verstandesmenschen (in einer intellektuellen Diskussion), mal mit dem Magier (wenn wir eine schöne Frau betören wollen), mal mit dem Tier (im Fußballstadion). Prüfe also, in welcher Bewußtseinsebene du dich gerade befindest. Je höher deine Bewußtseinsebene, desto größer deine Chance zur fruchtbaren Kommunikation.

Was ist die höchste Bewußtseinsebene, in der du dich befinden kannst? Die Eingeweihten aller Zeiten sagen: Die höchste Bewußtseinsebene ist, in allem den göttlichen Funken zu erkennen. Was ist dieser göttliche Funke? Amerikanische Wissenschaftler haben einen interessanten Versuch gemacht: Sie haben den Samen von Petersilie 100%ig exakt künstlich hergestellt. Weder unter dem Elektronenmikroskop noch durch chemische Versuche war irgendein Unterschied zum natürlichen Samenkorn feststellbar. Die Wissenschaftler haben daraufhin den künstlichen und den natürlichen Samen in zwei Beete mit absolut gleichen Bedingungen gesät. Ergebnis: Aus dem natürlichen Petersiliensamen wuchs Petersilie, aus dem künstlichen nicht. Sooft die Wissenschaftler diesen Versuch machten – jedesmal kamen sie zum gleichen Ergebnis. Das, was den Unterschied zwischen dem natürlichen und dem künstlichen Petersilienkorn ausmacht, das können wir als »Wunder der Natur« oder als »Gottesfunken« bezeichnen.

Du hast die Wahl, diesen Gottesfunken in dir zu suchen und dich mit ihm zu identifizieren, zu entdecken, daß du mehr bist als dein Körper. Die Eingeweihten sagen: Du bist kein armer Erdenwurm. Du bist ein Kind des Lichts, ein Lichtwesen, das ein Spiel spielt, das Menschsein heißt. Du verfügst über ein gewaltiges Potential. In deinem Körper wohnt ein göttlicher Funke, dein wahres Selbst. Mache doch einmal das Experiment und gebe ihm einen Namen. Sage zu ihm: »Nehmen wir einmal an, es gäbe dich, wie sollte ich dich dann nennen?« – und nimm den Namen, der dann in dein Bewußtsein steigt. Du kannst ihn einen Mandalin oder Harlekin nennen, ich nenne ihn am liebsten den »Kosmischen Christall«. Kosmos ist griechisch und bedeutet Ordnung. Das Wort Christ-All erinnert mich daran, daß Christus (oder wenn du es nicht Christus nennen möchtest, kannst du dazu auch sagen: die kosmische Ordnung, das höchste Prinzip, das Wunder der Natur) in allem wohnt. »Kosmischer Christall« bedeutet im Klartext: In dir ist das Licht, in dir wohnt ein göttlicher Kern, so wie in jedem Menschen, in jeder Blume, in allem, was ist. Fühle deinen »Kosmischen Christall«, wo er sich befindet. Spüre seine Ausstrahlung, sein Pulsieren, sein Leuchten und seine Liebe. Dieser Kosmische Christall führt dich durch dein Leben, wenn du es zuläßt. Mache einmal einen langsamen, bewußten Waldspaziergang und spüre die innere Führung durch deinen Kosmischen Christall. Vielleicht ist es so ein Gefühl, als wenn jemand dich liebevoll an die wichtigsten Plätze des Lebens schiebt, vielleicht kannst du diese wunderbare Führung nachvollziehen, wenn du im Buch »Momo« von Michael Ende (siehe unter »Buchempfehlungen«) das Kapitel liest, indem die Schildkröte Cassiopaia die kleine Momo durch die Straßen führt. Wenn du in dieser inneren Führung lebst, lebst du »wie Gott in Frankreich«. Du brauchst kaum Schlaf, kaum Essen und bist rundum glücklich. Jederzeit hast du die Freiheit, aus dieser Führung wieder auszutreten – aber du wärst ganz schön dumm, wenn du das tätest.

Dein Kosmischer Christall ist dein ewiger Freund. Wann immer du einen negativen Gedanken spürst, mache ihn deinem Kosmischen Christall zum Geschenk. Spüre, wie der Kosmische Christall diesen Gedanken aufnimmt, im Feuer der Liebe verbrennt, in einen Gedanken der Liebe umformt. Schenke dem Kosmischen Christall alle Eigenschaften, die du nicht magst, alle Probleme und alle Sorgen und laß all dies von ihm in Energie der Liebe umwandeln. Es kann sein, daß es einige Zeit dauert, bis du diesen Kosmischen Christall in dir spürst, aber die Eingeweihten aller Zeiten bestätigen immer wieder: Es gibt ihn wirklich! Das Spüren des Kosmischen Christalls kann man nicht erzwingen, es ist eher eine Gnade, die dir irgendwann einmal zuteil wird. Um in diese Gnade zu kommen, mußt du allerdings den ersten Schritt tun: anfangen zu suchen und offen zu sein für die Wunder des Lebens. Wer sucht, der findet. Wenn du mehr über deinen »göttlichen Funken« erfahren möchtest, so lies »Das Unpersönliche Leben« von Joseph Benner (siehe »Buchempfehlungen«).

Wenn du irgendwann einmal den Kosmischen Christall in dir entdeckt hast, wird es dir leichter fallen, auch in anderen diesen Kosmischen Christall zu erkennen. Es kann sein, daß beim einen oder anderen der Kosmische Christall durch Gier, Ärger, negatives Denken o. ä. ziemlich verschüttet ist. Mach dir nichts daraus, suche erst einmal den Kosmischen Christall in den Menschen, bei denen es dir leichter fällt. Nach und nach wirst du dich immer weniger vom Schein irritieren lassen, hinter jeder Fassade den Kosmischen Christall entdecken und dabei die ganze Schöpfung als einen großen Gedanken Gottes erkennen. Sobald du den Kosmischen Christall im anderen spüren kannst, kannst du »über Satellit funken«, das heißt du unterhältst dich über deinen Kosmischen Christall mit dem Kosmischen Christall des anderen. Wenn dir das einige Male gelungen ist, wirst du in schwierigen Situationen überhaupt nicht mehr mit dem Verstand des anderen, sondern nur noch mit seinem Kosmischem Christall kommunizieren. Über Satellit zu funken ist eine *innere* Angelegenheit, sie hat nichts zu tun mit den Worten, die du sagst. Ganz im Gegenteil: Für Menschen, die sich in Disharmonie befinden, sind »heilige« Worte eher eine Provokation. Benutze ruhig eine Sprache, die der andere versteht, du kannst auch äußerlich barsch sein, aber funke innerlich über Satellit. Freue dich daran, wie der gleiche Mensch plötzlich auf einer ganz anderen Ebene antwortet. Die österreichische Mystikerin Erni Wurzenberger sagt: »Die einzige Wurzel deiner Sünde ist, daß deine ›Göttlichkeit‹ du stets vergißt.« Laß eine völlig andere Art von Begegnung stattfinden, dabei können Wunder geschehen!

Paramahansa Yogananda berichtet in der »Autobiographie eines Yogi«, daß ein Mörder eine Waffe auf ihn richtete und ihn erschießen wollte. Yogananda funkte über Satellit, und unverzüglich legte der Mörder die Waffe weg und fiel vor ihm auf die Knie. Im Kontakt mit deinem Kosmischen Christall brauchst du vor nichts und niemandem auf der Welt Angst zu haben.

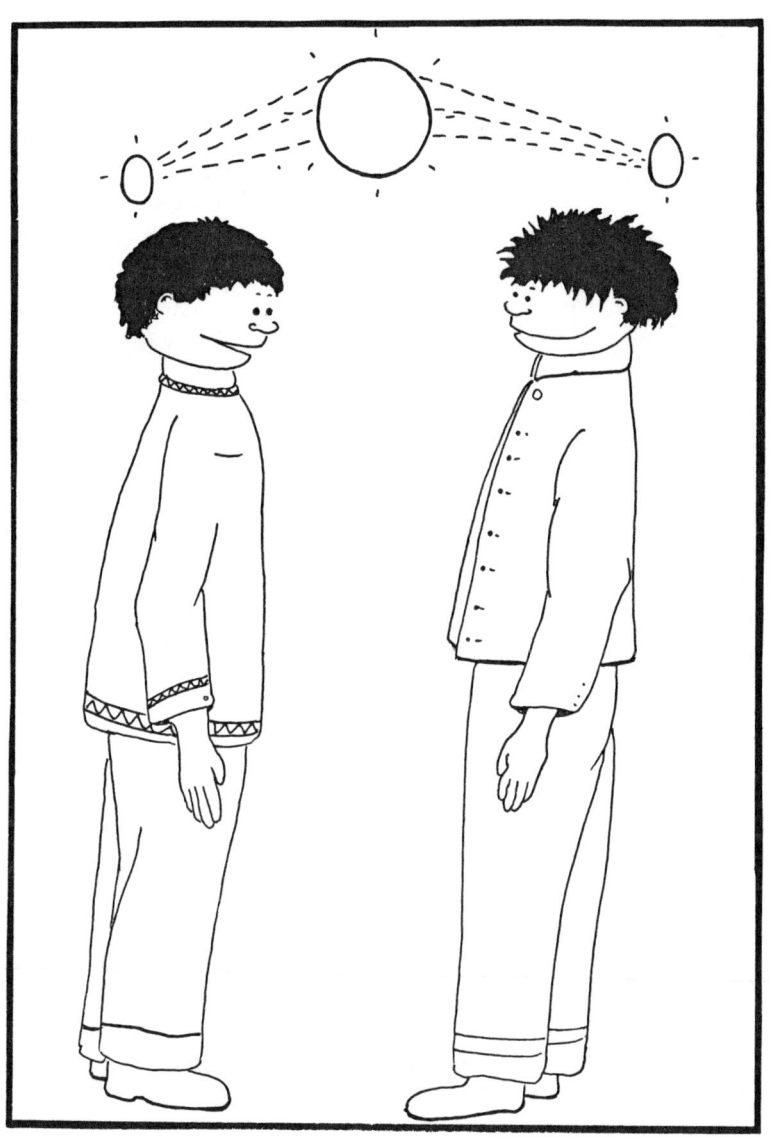

Beispiel 48:

Du sitzt in der U-Bahn und wirst Zeuge, wie ein Rocker einen wehrlosen, alten Herren anpöbelt. Falsche Reaktion: Du beschimpfst den Rocker. Das würde bedeuten, auf der Neandertalerebene zu antworten, ein Friedens-Kämpfer zu sein. In dem Fall müßtest du erkennen, daß die Aggression des Rockers stärker ist als deine und daß er dich fertigmacht. Richtige Reaktion: Du erhebst dein Bewußtsein und entwickelst dabei Verständnis für den Rocker. Sicherlich hat er Probleme und ist auch nicht glücklich über seine gestaute Aggression. Wenn du in Harmonie mit dir selbst bist, sprichst du ihn über Satellit an: »Entschuldigen Sie, mich geht das eigentlich nichts an, aber kann ich etwas für Sie tun?« Möglicherweise wird der Rocker seine Aggression nun auf dich lenken. Jetzt geht es darum, daß du dich nicht auf den keulenschwingenden Neandertaler im Rocker einläßt, das heißt, der Aggression des Rockers nicht deine eigene Aggression entgegensetzt, sondern ihn *furchtlos* mit deiner Harmonie, deiner Klarheit und deiner Liebe konfrontierst, ihn so akzeptierst, wie er gerade ist, und – was immer du äußerlich für Worte finden magst – innerlich auf der höchsten Bewußtseinsebene funkst. (Anmerkung: Solchen »Lektionen« solltest du dich nur dann stellen, wenn du dich schon sehr sicher fühlst.)

Gleichnis 16:
Die Freiheit eines Meisters

Drei Räuber schlichen hinter dem weisen Diogenes her, weil sie ihn überfallen und auf dem Sklavenmarkt verkaufen wollten. Diogenes entdeckte sie und erkannte sofort ihre Absichten: »Ihr wollt mich überfallen und mich auf dem Sklavenmarkt verkaufen? Das habe ich ja noch nie erlebt! Wunderbar – ihr bekommt Geld für mich, das macht euch glücklich, und ich weiß, daß mich niemand zum Sklaven machen kann. Folgt mir!« sagte Diogenes zu den völlig verdutzten Räubern. Die Räuber waren zwar zu dritt, aber trotzdem bekamen Sie Angst, denn dieser seltsame Mann schien gefährlich zu sein, zumindest aber verrückt. Schließlich freute Diogenes sich so sehr, obwohl er in ihren Augen gar keinen Grund zur Freude hatte. Diogenes ging ihnen voraus wie ein Kaiser, und sie folgten ihm wie Sklaven. Auf dem Marktplatz sprang er auf die Sklaven-Tribüne und rief: »Hört zu!« Sofort wurde es rundherum still. Diogenes sprach: »Zum ersten Mal wird ein Meister verkauft. Jeder von euch Sklaven kann einen Meister erwerben – aber denkt daran, ihr kauft einen Meister!« Ein reicher Mann begeisterte sich alleine für diese Idee und fragte: »Wem gehörst du?« – Diogenes antwortete: »Natürlich gehöre ich nur mir selbst, und niemand kann mich besitzen! Ich habe aber drei Dieben versprochen, daß sie Geld für mich bekommen, gib ihnen das Geld – sie verstecken sich dort drüben.« Der reiche Mann entgegnete: »Ich nehme dich – aber nicht als Sklaven, sondern als Meister. Ich möchte dein Schüler werden, und du sollst alles haben, was dein Herz begehrt.«

Wer in seinem Innern ein Meister ist, den kann niemand mehr zum Sklaven machen.

Ich schaue nur noch, wo ich stehe, nicht, wo die anderen stehen
Der Unterschied zwischen einem Meister des Lebens und einem Sklaven der Umstände ist wie der Unterschied zwischen Sonne und
Mond. Einige Menschen sind wie der Mond, der nur »scheint«, wenn
er von der Sonne beleuchtet wird. Sie sind Sklaven von Kritik und
Lob, Ärger und Freude. Sie sind abhängig und beeinflußbar. Ein wahrer Meister ist nur sich selbst verpflichtet. Er lebt in absoluter Freiheit,
wie auch immer die äußeren Umstände sind. Ein wahrer Meister lebt
in völliger Dankbarkeit für alles, was ihm das Leben schenkt. Deshalb
ist ein wahrer Meister immer glücklich – auch wenn es anderen vielleicht nicht gefällt. Meister zu sein ist also keine Frage einer Ausbil-
dung oder eines Rituals, Meister ist ein Bewußtseinszustand. Sobald
du hinter allem »das Eine« siehst, verfügst du über die Freiheit eines
Meisters. Was Meister von anderen unterscheidet, ist allerdings, *wie*
sie mit ihrer Freiheit umgehen. Die Motivation der Meister, die dir
außerhalb deiner Selbst begegnen, ist oft schwer zu durchschauen,
denn die wachsende Macht ist für manche Meister eine Verlockung,
sie zu mißbrauchen. Deshalb fährst du am besten, wenn du nicht den
äußeren Meistern (und solchen, die sich dafür halten) vertraust, sondern *nur* deinem inneren Meister, dem Kosmischen Christall in dir.

Experiment 6:

1) Kaufe dir einen Block Klebezettel. Schreibe auf diese Zettel nur zwei Worte: »**Ich kann.**« Klebe diese Zettel überall hin. Auf den Spiegel, in das Portemonnaie, an die Wand, ins Auto, aufs WC. Laß dich überraschen, was sich dadurch in deinem Leben verändert.

2) Setze dich deinem Partner gegenüber. Schließt eure Augen. Dann holt gemeinsam einige tiefe Atemzüge, atmet jeweils laut seufzend aus. Dann öffne die Augen und nimm deinen Partner mit dem Herzen wahr. Sage deinem Partner fünf Minuten lang, welche positiven Eigenschaften du in ihm vermutest – gleich, ob sie richtig oder falsch sein könnten. Dein Partner erspürt seine Resonanz zu diesen Eigenschaften in sich und erschafft sie in sich. Dann antwortet er mit: »Ja, das stimmt.« Dann wechselt die Rollen. Danach tauscht ihr euch über das Ergebnis aus.

3) Suche dir einen Menschen im Alltag, den du ab jetzt drei Wochen lang unerschütterlich befähigen wirst. Beobachte, was passiert!

4) Mache dir morgens nach dem Aufstehen deinen »Kosmischen Christall« bewußt: Wie stellst du ihn dir vor? Wie sieht er aus? Stelle dir so lange Fragen zum »Kosmischen Christall«, bis du ihn *deutlich* spürst. Vertraue den ganzen Tag über der Führung durch den »Kosmischen Christall«.

5) Trainiere dich im Alltag bei jeder Gelegenheit, das Bewußtsein zu erheben. Übe drei Wochen lang, jeden Tag einmal bewußt bei einer Person deiner Wahl über Satellit zu funken, und beobachte, was geschieht.

6) Notiere auf dem Arbeitsblatt 30 deine Erfolgserlebnisse im Befähigen und über Satellit funken – gleich, ob du »Empfänger« oder »Sender« warst.

Arbeitsblatt 30 (Muster):
Zehn Erfolgserlebnisse im Befähigen beziehungsweise »über Satellit funken«.

Kennwort: 01 .... Datum: 22.11.1979 ....

01) Ich fahre mit meiner 83 Jahre alten Oma und zwei flotten Mädchen im Jeep quer durch Teneriffa.
....

02) Ich sage einer Frau auf den Kopf zu, daß sie für meine Arbeit gute Zeichnungen machen kann, und sie schafft es.
....

03) Der Windsurflehrer erklärt mir bei der ersten Stunde nichts, sondern sagt nur: »Ich weiß, du kannst es!« Nach der ersten Stunde sagt er, so ein Talent hätte er noch nie erlebt.
....

05) Ich konnte mit Fritz nie ein tiefgehendes persönliches Gespräch führen. Als wir im Auto an einer Fabrik vorbeifuhren, »befähigte« ich ihn einfach dazu – und es klappte sofort.
....

06) Ich gehe in ein Verkaufstrainingsseminar und kriege mit, wie der Trainer zu 450 Leuten permanent »über Satellit funkt«.
....

07) Ich höre Kassetten einer geistigen Führerin und verstehe, nachdem ich zwei Jahre lang nichts verstanden habe, plötzlich den Sinn jedes Wortes, als hätte ich eine neue Sprache gelernt.
....

08) Ich bin in einem Seminar in Teneriffa und bekomme plötzlich mit, was der Seminarleiter permanent über »Satellit funkt«.
....

09) Ich habe eine Freundin – eigentlich mehr etwas, das mir »zugelaufen« ist, und bin nicht recht zufrieden damit. Ich befähige sie und mich, und ein langweiliges »Tête-à-tête« wird zu einem faszinierenden Abenteuer, bei dem der »Kamm hochsteht«.
....

10) Ich diskutiere über Verhaltenstips mit einer Frau sehr intellektuell und komme nicht weiter. Plötzlich fange ich an, unlogisch über Satellit zu funken, und bei ihr »rappelt es in der Kiste«.
....

198

Arbeitsblatt 30
Zehn Erfolgserlebnisse im Befähigen beziehungsweise »über Satellit funken«.

Kennwort: ....   Datum: ....

01) ....

02) ....

03) ....

05) ....

06) ....

07) ....

08) ....

09) ....

10) ....

Ich lebe in Einklang mit mir selbst

Ich tue, was mich stärkt, und lasse, was mich schwächt
Niemand würde es dulden, wenn ein Fremder einen Eimer Jauche
über seinen Wohnzimmerteppich gießen würde. Wer wahllos Zei-
tungsartikel, Fernsehbilder, Reklame usw. in sich hineinstopft, tut
sich aber genau das gleiche an. Um ein bißchen Zerstreuung zu erha-
schen, betrügt er die arme Seele um ihren inneren Frieden. Alleine in
den fünfzehn Minuten der Tagesschau wirken gewaltigere Informa-
tionen auf uns ein, als auf unsere Vorfahren vor nur hundert Jahren in
einem ganzen Leben. Also: Laß dich nicht berieseln. Wir sind heute
mit mehr Außenreizen konfrontiert, als wir verkraften können. Wähle
deine Außenreize bewußt aus und beobachte, wie du dich bei bestimmten Einflüssen fühlst. Keiner kann dir sagen, was für dich gut
ist. Probiere selbst aus, welche Außenreize dir guttun und welche dir
schaden.

Ich lasse immer mehr Raum für Bewußtsein
Die Hirnforschung zeigt, daß alles, was du siehst, hörst, schmeckst,
riechst und fühlst, auch Film, Funk oder Fernsehen, von deinen Sin-
nen aufgenommen und an das Gehirn weitergeleitet wird. Wenn du
unbewußt bist, sucht dieser Eindruck einen Erfahrungswert aus der
Vergangenheit und vergleicht ihn mit diesem. Diese Erfahrungswerte
sind in sogenannten Molekularstrukturen gespeichert. Auf der Suche
nach einem ähnlichen Erfahrungswert durchläuft der Reiz eine Assoziationsbahn (assoziieren = Gleichbedeutendes finden). Sobald dein
Gehirn diesen Reiz interpretiert (zugeordnet) hat, erfolgt eine auto-
matische Reaktion – also: Außenreiz – Interpretation – Reaktion. Ein
Beispiel: Du bist als Kind einmal von einem Neger verprügelt worden
(Erfahrungswert). Du siehst wieder einen Neger (Sinnesreiz). Du erinnerst dich unbewußt an das damalige Erlebnis (Interpretation), und

Angst steigt in dir auf (Reaktion). Nur, wenn du bewußt bist, erkennst du, daß deine jetzige Angst nur ein »mind trip« (Gedanken- Fata-Morgana) ist. Reduziere deshalb die Außenreize, die du in dich hereinläßt, so weit wie möglich, damit immer mehr Leerraum für Bewußtsein bleibt. Andererseits ist es völlig in Ordnung, wenn du dich gezielt mit einigen positiven Außenreizen fütterst, weil es erfahrungsgemäß längere Zeit dauert, bis du wirklich bewußt durch den Tag gehst. Solange du unbewußt bist, wirst du noch beeinflußt von deinen gespeicherten Erfahrungswerten. Also fahre zweispurig: Zum einen werde immer mehr bewußt, zum anderen sorge dafür, daß, wenn du einmal unbewußt bist, es dir trotzdem gutgeht. Je öfter und gezielter du bestimmte positive Außenreize wählst, um so breiter und sauberer werden die Assoziationsbahnen, so daß deine positiven Denkstraßen zu positiven Schnellstraßen werden. Leider funktioniert dieses System auch verkehrt herum: Je öfter du negative Strukturen benutzt, um so größer ist das Risiko, daß diese Strukturen immer wieder ausgelöst werden. Suche dir deshalb Außenreize, die dich wirklich aufbauen.

Ich nutze die Kraft des inneren Lächelns

Lächeln heilt. Prof. Diamond hat in seinem Buch »Der Körper lügt nicht« demonstriert, wie sehr Lächeln den Körper stärkt. Der TAO-Meister Mantak Chia hat ein ganzes Buch der Kraft des inneren Lächelns gewidmet. Wenn du deinem Körper etwas Gutes tun willst, stelle dir einfach vor, wie eine Körperregion nach der anderen, insbesondere eventuelle Schwachstellen, lächeln. Also stelle dir vor: »Jetzt lächelt mein Bauch. Jetzt lächelt meine Leber« usw. Arbeite dich geistig durch den ganzen Körper hindurch. Lächle auch in die Stellen, wo eventuell Emotionen festsitzen. Dadurch tust du ein gutes Werk für deinen ganzen Organismus, deine Vitalität und dein allgemeines Wohlbefinden.

Ich nutze Stimmungen als Orientierungshilfen

In Lektion 1 hast du gelesen, daß Handlungsimpulse dich zu ganz bestimmten Handlungen motivieren sollen. Wenn du diesen Handlungsimpulsen nicht sofort und liebevoll folgst, entsteht Ärger. Ärger ist ein Ego-Programm. Das Ego ärgert sich nämlich lieber, anstatt zu handeln, denn solange du dich ärgerst, kannst du andere beschuldigen, und das ist sehr bequem. Du hast also die Wahl, ob du auf einen Handlungsimpuls mit Ärger oder mit Erkenntnis reagierst. Tun mußt du auf jedem Fall etwas, aber es liegt an dir, ob du es ärgerlich (unproduktiv) oder gelassen und bewußt (produktiv) tust. Konzentriere dich auf die Aufforderung, die im Ärgernis liegt, und handele konsequent. Arbeiten kannst du entweder an der ärgerlichen Situation oder deiner Einstellung zu dieser Situation.

Was erwartet das Leben von mir jetzt?

Wenn dich ein Handlungsimpuls zu konsequentem Handeln aufruft, dann schaue nur noch nach vorn. Wir kennen aus der christlichen Symbolik heraus das Kreuz und seine wahre Bedeutung: Jede Sekunde deines Lebens, jede einzelne Situation ist eine Kreuzung. Du kannst nach rechts oder nach links, nach hinten oder nach vorne schauen. Wenn du wirklich glücklich sein willst, **schau nie zurück!** Beschäftige dich nicht mit der Vergangenheit und sogenannten »mind trips« (Gedankenspielen). Wer sich umdreht, erstarrt zwar nicht zur Salzsäule, aber er hindert sich daran, zu genießen, was *jetzt* ist. Also: Lerne *vorwärtsdenken* statt *zurückdenken* (wenn du vorwärts willst). Schau auch nicht nach rechts und nach links, also *urteile nicht, was gut ist und was weniger gut ist.* Jede psychologische Bewertung bringt dich in eine gefährliche Seitenstraße. Wer urteilt, streckt seine Hände aus für Krankheit und Leid. Nur wer nach vorne schaut, kommt weiter. Nur wer zur Einsicht kommt (Einsicht = hinter allem das Eine sehen), kommt auf direktem Weg zum Ziel. Das Symbol für die Einsicht sind die aneinandergelegten Hände (wie beim »Namaste«, der fernöstlichen Begrüßungsform, oder beim Gebet). Schaue also nur noch nach vorne. Schaue auf deinen nächsten Schritt. Frage dich: »Was erwartet das Leben von mir *jetzt*?«

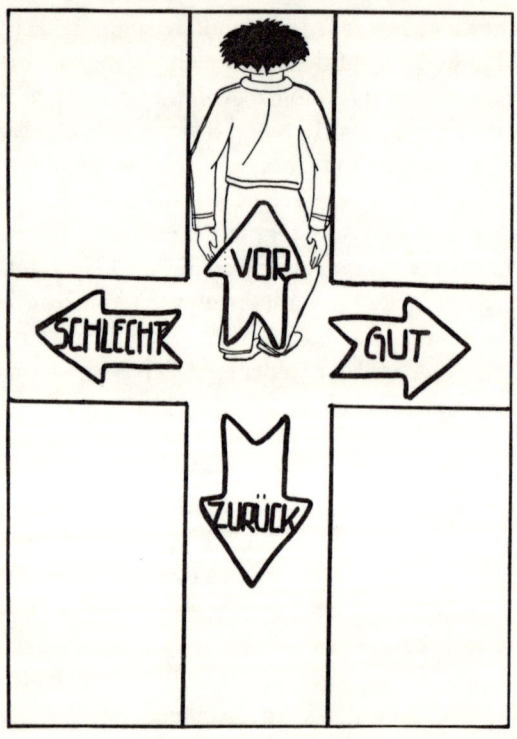

Drei Wege, mit Verstimmungen umzugehen

Eine Verstimmung ist nichts anderes als eine Energie, die in dir eine negative Assoziationsbahn gefunden hat. Immer, wenn du verstimmt bist, hast du die Wahl zwischen drei Möglichkeiten, damit umzugehen:

1. Du kannst die negative Energie verdrängen durch Zerstreuung, Essen, Fernsehen, Sex und so weiter. In diesem Fall wird die negative Energie eingekapselt. Das ständige Einkapseln kostet einen großen Teil deiner Vitalenergie. Außerdem mußt du damit rechnen, daß diese Energie sich in einem Augenblick entlädt, in dem du es nicht brauchen kannst (Dampfkesseleffekt). Verdrängen ist die ungesündeste Methode.

2. Du kannst die negative Energie herauswerfen durch Tanzen, Schütteln, Squash oder ähnliches (siehe Lektion 1). In dem Fall hast du sichergestellt, daß die negative Energie nicht gegen dich kreativ werden kann. Du bist wieder leer, und es liegt an dir, ob du dich an der nächsten Straßenecke positiv oder negativ auflädst. Diese Methode hat nur einen Nachteil: Du hast – wenn auch negative – Vitalenergie herausgeworfen.

3. Du kannst die negative Energie dasein lassen und sie in reine positive Vitalenergie transformieren. Das ist der königliche Weg. Das ist dein Weg zu einem geistigen Atomkraftwerk, zur Superstar-Energie, der königliche Weg der »Bhakti-Meditation«.

Was ist Meditation und wofür ist sie gut?

Die Meditation ist artverwandt mit dem autogenen Training, das inzwischen in der Bundesrepublik gesellschaftsfähig ist, geht allerdings noch wesentlich darüber hinaus. Bei der Meditation (lat. = in die Mitte gehen) beobachtet man, was in sich geschieht. Es gibt genauso viele Arten zu meditieren, wie es Menschen gibt, und eigentlich muß jeder selbst seine ureigene Art zu meditieren finden: Man kann den Atem beobachten, die Gedanken beobachten, den Herzschlag beobachten oder den Kosmischen Ton (ein helles Fiepen im Ohr, hörbar, wenn es äußerlich ruhig ist) beobachten. Wer naturverbunden ist, sitzt vielleicht lieber am Meer, schließt die Augen und fühlt, wie er mit den

Wogen verschmilzt, ein anderer meditiert im Wohnzimmer zu Barockmusik von Bach. Meditieren kann man im stillen Kämmerlein, aber auch im Freien. Es gibt keine richtige und keine falsche Art zu meditieren. Wichtig ist nur, daß man das, was man tut, bewußt tut, sich also nicht ablenken läßt durch irgendwelche Gedanken oder Außenreize. Alles, was dich bewußter macht, was dich zu deinem wahren Selbst führt, ist in Ordnung. Erste Anleitungen zur Meditation bekommt man in den Kursen der Volkshochschulen und Meditationsschulen. Es gibt jedoch auch Kassetten, die zur Meditation anleiten, die Kassetten »Wie meditiert man richtig«. Einen leichteren Einstieg in die Meditation vermitteln die Kassetten »Mentaltraining« sowie die »Phantasiereisen«. Nach einiger Zeit kannst du andere Meditationstechniken ausprobieren, etwa die »Kundalini-Meditation« oder die ZEN-Meditation (siehe dazu unter Kassettenempfehlungen). Probiere, welche Form dir am meisten Spaß macht, aber bleibe bei einer Form mindestens drei Wochen. Es wird erfahrungsgemäß etwa drei Wochen dauern, bis sich die Erfolge einstellen, die A. R. Stielau Pallas aus Neuseeland in seinem Buch »Der Sinn des Erfolges« beschreibt: »Durch Meditation bekommst du Abstand von den Ärgernissen, Problemen und Sorgen des Tages. Wie sehr belasten dich die Sorgen und Probleme eines Menschen, der neben dir in der Straßenbahn steht? Überhaupt nicht! Gut! Stelle dir einmal vor, du könntest in der Meditation aus dem, was du für dein Selbst hältst, aussteigen und dich daneben stellen, so wie ein Nachbar in der Straßenbahn, und dir zuschauen. Kannst du dir vorstellen, für diese Zeit unglaublich ruhig, glücklich und ausgeglichen zu sein? Es wäre nicht so, daß du denken müßtest: ›Ich mache mir etwas vor‹, sondern du würdest wirklich daneben stehen und denken: ›Wie kann der nur so blöd sein, sich solche Gedanken zu machen.‹ Du würdest merken, daß du bisher nur einen kleinen Teil deines Lebens, deiner Persönlichkeit und deiner Möglichkeiten erkannt und genutzt hast. Meditation führt zu der Erkenntnis, daß du einen göttlichen Funken in dir trägst, der dich leitet, inspiriert und aufbaut. Meditation bringt Ruhe, Übersicht und Sicherheit bei getroffenen Entscheidungen. Inzwischen ›bekennen‹ sich Tag für Tag mehr Prominente und erfolgreiche Geschäftsleute dazu, daß Meditation der Grund für ihren Erfolg ist. Meditation kostet keine Zeit, sondern bringt Zeit. Meditation macht die Erfolgreichen erfolgreicher.«

Erfahrungen des Autors mit Meditation

Die erste Erfahrung mit einer Art Meditation hatte ich als Vertriebsmanager einer Immobilienfirma, nachdem mein Arzt mir aufgrund meines beruflichen Stresses und Ärgers dringend angeraten hatte, einen Kurs *Autogenes Training* zu besuchen. Ich machte diesen Kurs bei einer befreundeten Psychologin. In der ersten Stunde konnte ich mit dem Training noch nicht viel anfangen, aber ich ahnte, daß ein großes Geheimnis auf mich wartete, und machte täglich die jeweils von der Kursleiterin empfohlenen Übungen. Autogenes Training hat damals mein Leben verändert – ich lernte, mich jederzeit »ruhigzustellen«, und wurde im Alltag gelassener und souveräner. Dann lernte ich einen Meditationslehrer kennen, der mir die ZEN-Meditation beibrachte, bei der es darauf ankam (so hatte ich damals ZEN verstanden) eine Stunde lang bewegungslos zu sitzen und nichts zu tun, gleich, was geschieht. Nach einigen Stunden fand ich das Ganze zu blöd und hörte bald mit dieser Methode wieder auf. Nach einiger Zeit geriet mir ein Prospekt über Suggestionskassetten in die Hände. Ich bestellte eine Kassette zur Überwindung von Angst. Der Prospekt versprach: »Wenn Sie diese Kassette jeden Abend beim Einschlafen hören, werden Sie am nächsten Tag frisch und gut gelaunt aufwachen und darüber hinaus Ihre Angst mehr und mehr loslassen können – egal ob Sie den Text bewußt hören oder dabei einschlafen.« Eine traumhafte Zeit begann für mich. Bald begegnete ich jemandem, der mir die Meditationsmethode *Phantasiereisen* zeigte – ich lernte, mit geschlossenen Augen mir jede erwünschte Landschaft vorzustellen. Nach einigem Üben konnte ich in einer 30minütigen Meditationssitzung auf »geistigen Kurzurlaub in die Karibik« gehen und dort sogar alte Kindheitstraumata aufarbeiten.

Nachdem ich gelernt hatte, durch die Schüttelmeditation und ähnliche *Bewegungsmeditationen* den Körper in die Entspannung einzubeziehen, gewann ich Freude daran, Meditation mit *Yoga* und Übungen von Moshe *Feldenkrais* zu verbinden. Bald darauf hörte ich von einer Methode, durch Meditation sein Schicksal zu steuern – ich lernte durch *Mentaltraining* (Methode Tepperwein) die Erfolgsspirale in Gang zu setzen und meine Gedanken zu einem Gedankenlaser zu bündeln. Dann hörte ich von der Möglichkeit, in der Meditation die innere Stimme um Rat zu fragen. Ich lernte Mentaltraining für Fortgeschrittene und hatte von da an einen treuen und zuverlässigen Ratgeber für alle Fragen des täglichen Lebens. Nach einiger Zeit antwortete mir meine innere Stimme wie auf Knopfdruck in fast jeder Situation – ohne die lange Anlaufzeit einer Meditation. Seitdem mische ich meine Meditationsformen nach Tageslaune, bevorzuge allerdings die *ZEN*-Meditation. Ich habe viel Spaß an *ZEN*, der Meditation, von der ich einige Jahre zuvor gedacht habe, sie sei Zeitverschwendung.

Deshalb meine Empfehlung an dich, lieber Leser: Mache genau die Meditation, die dir Spaß macht, und meditiere so, daß es dir Spaß macht. Versuche nicht eine Stufe zu überspringen – spiritueller Ehrgeiz verdirbt dir nur die Freude an etwas so Schönem wie Meditation. Wie sagte schon die Schildkröte Cassiopaia zu Momo in dem bekannten Buch von Michael Ende: **»Je langsamer, um so schneller.«**

Die Bhakti-Meditation

Fühlst du dich gerade schlecht? Prima, eine ausgezeichnete Gelegenheit für eine Bhakti-Meditation! Danach wird es dir wieder gutgehen. Geht es dir gerade gut? Klasse! Mache eine Bhakti-Meditation und dir geht es noch besser! Die Bhakti-Meditation ist dein persönlicher Stimmungs-Transformator. Die Bhakti-Meditation wandelt jede Stimmung ins Positive und verstärkt positive Stimmung noch mehr! Die Bhakti-Meditation ist eine Methode, mit deren Hilfe du negative Gefühle, Stimmungen, und – sinngemäß angewendet – Schmerzen, Triebe, Neigungen, Laster, Krankheiten, sogar Vergangenheitstraumata loslassen kannst. Wenn dich zum Beispiel das Leben mit einer speziellen Erinnerung aus der Vergangenheit konfrontiert, verdränge sie nicht, sondern schaue sie dir bewußt und wertfrei an, mache einfach eine Bhakti-Meditation darüber. Aber merke dir: Du mußt die Vergangenheit nicht durchwühlen wie ein Maulwurf. Im Normalfall reicht es, die Gegenwart zu meistern. Die Bhakti-Meditation baut auf den Lektionen 5 (Liebe), 6 (Bewußtsein) und 7 (Abschnitt über das Lächeln beziehungsweise Lachen) auf. Was bedeutet *Bhakti*? Der Name *Bhakti* kommt aus Indien und bedeutet: Bedingungslose Hingabe an Gott (falls du den Namen Gott nicht benutzen willst, kannst du dazu auch der Vater des Lichtes, die Kraft der Natur, die kosmische Ordnung o. ä. dazu sagen). Bhakti-Yoga ist das Yoga der All-Liebe und des All-Segnens! Der Bhakti segnet jede Stimmung, jeden Menschen, jedes Ereignis bedingungslos und mit gleicher Gültigkeit, so wie die Sonne auch mit gleicher Gültigkeit für den Mörder wie für den Heiligen scheint und so uns alle mit ihrem Licht segnet. Der Begriff »segnen« wird häufig mißverstanden. Segnen bedeutet einfach nur, dem, den man segnet, ehrlichen Herzens alles Gute zu wünschen und in ihm das Prinzip der Vollkommenheit, das heißt, den göttlichen Funken zu erkennen. Das Gesetz der Resonanz gilt auch für das Segnen: Alles, was du *ehrlichen Herzens* segnest, muß dir zum Segen werden. Segnen kann man einen Menschen, ein Tier, eine Pflanze, eine Situation, eine Stimmung, ein Problem und auch zum Beispiel die Vergangenheit. Die vier Schritte der Bhakti-Meditation ergeben den »goldenen Schlüssel« ALLES SEGNEN:

1. A = absichtslos Anschauen, was (los) ist
2. LL = Lieben oder Lachen
3. E = Erkennen und Handeln
4. S = SEGNEN, loslassen, IHN lassen.

Äußere Vorbereitungen der Bhakti-Meditation

Suche dir einen Ort, an dem du eine Stunde lang ungestört bist. Schließe deine Tür zu, hänge ein Schild »bitte nicht stören« vor die Tür, stelle das Telefon leise. Wenn du dich noch nicht in der Verfassung fühlst, zu meditieren, stimme dich ein durch eine aufbauende Text- oder Seminarkassette, bewußtes Atmen oder ähnliches. Dann bringe durch geeignete Körperübungen die Körperenergie zum Fließen, beispielsweise durch Schütteln, Tanzen, Yoga, Stretching, Sauna, bis du »innen« weich bist. Du kannst jetzt die Bhakti-Meditation auf zwei Arten machen. Im Normalfall machst du die Bhakti-Meditation als richtige Meditation, das heißt, du setzt dich mit gerader Wirbelsäule auf einen Stuhl oder ein Kissen, stellst dir dann einen Wecker auf eine Stunde (wenn du genau sein möchtest auf 4 × 15 Minuten), wählst gegebenenfalls eine entsprechende Entspannungsmusik zu jeder Phase und bleibst gerade sitzen, gleich, was um dich herum geschieht. Wenn du allerdings gerade an einem schwerwiegenden Symptom leidest (Schmerz, Verstimmung, Erlebnis), kann es sein, daß du dich nicht in der Lage fühlst zu dieser Disziplin. In dem Fall quäle dich nicht, sondern mache die folgenden vier Phasen nur als geistige Übung, das heißt setze oder leg dich hin, wie du möchtest, geh spazieren, tu, was dir guttut, aber richte deine Aufmerksamkeit nach innen und mache dir nacheinander die vier Grundenergien der Bhakti-Meditation bewußt. Wenn du geübt bist, kannst du diese Meditation an jedem Ort, zu jeder Zeit machen, und sogar im Beisein anderer, ohne daß die anderen etwas davon merken. **Verlasse die stürmische Brandung und gehe in die Tiefe.**

 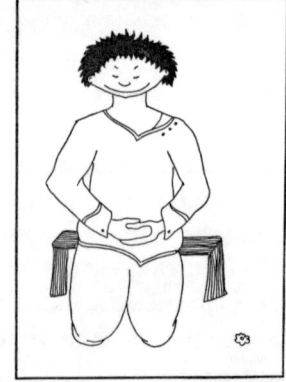

Absichtslos anschauen, was ist
(1. Phase der Bhakti-Meditation)

In der ersten Phase geht es darum, deine Stimmung wie ein neutraler Wissenschaftler (»Prof. Haber experimentiert«) zu beobachten. Wenn du gerne mit Musik meditierst, empfiehlt sich für diese Phase eine typische »ZEN-Musik«. (z.B. »Klangschalen Meditation« von Klaus Wiese oder »ZEN«, siehe Kassettenempfehlungen im Anhang). Bewerte nicht, was immer geschieht. Mach dir deine Stimmung einfach nur bewußt. Stimmungen haben eine seltsame Eigenschaft: Läufst du vor ihnen weg, werden sie groß und mächtig. Stellst du dich ihnen, werden sie sofort klein und verschwinden. Keine Stimmung hält dem Scheinwerfer deines Bewußtseins stand. Gehe also nach innen, zurück zur Quelle, zum Ursprung, und komme dem Geheimnis deiner Stimmung auf die Spur. Schau dir dein Lebensgefühl bewußt an: Starre – am besten mit aufrechter Wirbelsäule – auf einen beliebigen Punkt, am besten auf eine weiße Wand. Beobachte dein Gefühl wie ein objektiver Zeuge. Tue nichts *gegen* die Stimmung, schau einfach nur zu, völlig absichtslos. Sobald du etwas *gegen* eine Stimmung unternimmst, gibst du ihr nur negative Energie, und die Stimmung wird schlimmer. Also: Nimm einfach *wertfrei* wahr, was los ist, und bleibe sitzen, was immer geschieht. Vielleicht wird deine Stimmung erst einmal stärker. Das ist aber nur ein letztes Aufflackern. Hab das Vertrauen durchzuhalten. Bleibe also sitzen, gleich, was geschieht, und sieh zu, wie die Stimmung ganz von selbst dahinschmilzt wie ein Eisberg in der Sonne. Beobachte, welche Bilder, Gedanken und Assoziationen in dir auftauchen. Schweife nicht ab, auch wenn das Gefühl verschwindet. Es kann sein, daß du von anderen Gedanken abgelenkt wirst. Sobald du das bemerkst, sagst du zu dem ablenkenden Gedanken: »Jetzt nicht, jetzt beobachte ich meine Stimmung.« Dann richtest du deine Aufmerksamkeit wieder nach innen und fragst dich: »Wie fühle ich mich?« oder »Wie mache ich dieses Gefühl?«

»Du kannst nicht tiefer fallen als in Gottes Hand«
(Kurt Tepperwein).

Liebe oder Lachen
(2. Phase der Bhakti-Meditation)

Ab der zweiten Phase schließt du die Augen. Wenn du gerne mit Musik meditierst, empfiehlt sich für die zweite Phase eine harmonische Meditationsmusik, (zum Beispiel »The Fairy Ring« von Mike Rowland, »Relax Sounds II – Eternal peace« oder »Natural Ambience I« von Sidh Tepperwein, s. Anhang). In der zweiten Phase geht es darum, das *tantrische Phänomen* zu entdecken. Das *tantrische Phänomen* ist Eingeweihten des Tantra schon seit fünftausend Jahren bekannt. Es besagt: »Liebe ist wie eine Schaltautomatik: Liebst du etwas, und es ist schlecht, wird es durch deine Liebe automatisch gut. Liebst du etwas, und es ist gut, wird es durch deine Liebe noch besser.« **Liebe heilt alles, was sie berührt**. Wenn du etwas nicht lieben kannst, dann lache darüber. Eine deutsche Volksweisheit lautet: Lachen ist die beste Medizin. In jeder Lebenssituation hast du die Freiheit, darüber zu lachen. Unser Dasein ist im Hinblick auf den unendlichen Kosmos zu bedeutungslos, um es ernst zu nehmen. In jeder Situation ist ein Grund zum Lachen versteckt. Entscheide dich also zu Beginn der zweiten Phase, ob du deine Stimmung lieben oder darüber lachen willst.

Sortiere also geistig deine Schubladen um: Von »erfreulich« und »unerfreulich« in »liebenswert« und »lachenswert«. Hülle deine Stimmung in Liebe ein. Geht das nicht, dann hülle sie in Lachen ein. Lache über dich selbst, die Stimmung und alles, was sonst noch ist. Über das Lachen bist du dann »auf dem Umweg« doch wieder in die Liebe gekommen. Beobachte, was geschieht, während du deine Stimmung, alle Gedanken, alles, was dich beschäftigt, in Liebe oder Lachen einwickelst. Frage dich immer wieder:

☐ »Wofür kann ich die Stimmung lieben?«
☐ »Wofür kann ich mich lieben?«
☐ »Worüber kann ich jetzt lachen?«

Erkennen und Handeln
(3. Phase der Bhakti-Meditation)

In der dritten Phase geht es darum, deine Intuition zu Hilfe zu nehmen, um die *Botschaft* zu erkennen, die dir die Stimmung vermitteln will. (Wenn du gerne mit Musik meditierst, empfiehlt es sich für die dritte Phase eine Meditationsmusik, die die Intuition anregt, z. B.

213

»Atlantis Mind«* oder »Angel Love« von Aeoliah (s. Anh.). Im Wort Stimmung verbirgt sich das Wort Stimme. Dein Körper ist ein Wunderwerk an Harmonie. Gefühle kommen nicht zufällig, sondern jede Stimmung ist ein Botschafter, der dir als Handlungsimpuls geschickt wurde, um dich zu einem ganz bestimmen Tun, Dulden oder Unterlassen aufzufordern (s. hierzu das Buch »Die Botschaft Deines Körpers« von Kurt Tepperwein, vgl. Anhang). Stimmungen sollen dir also nicht schaden, sondern dir dienen, so wie die aufleuchtende Ölkontrollampe am Auto dir als Warnsignal dient. Stimmungen sind also nicht böse, sondern Aufforderungen, etwas zu ändern, um größeren Schaden zu vermeiden. Solange du die Botschaft überhörst, kommt die Stimmung immer wieder, denn: Wer Unübersehbares übersieht und Unüberhörbares überhört, der darf sich nicht wundern, wenn ihm eines Tages Hören und Sehen vergeht. **Erkenntnis ist das wahre Brot des Lebens!** Höre also auf deine Stimmung und erkenne, was sie zu sagen hat. Stelle sie dir als eine Person vor. Wie sieht sie aus? Ist sie groß oder klein? Männlich oder weiblich? Alt oder jung? Gib ihr einen Namen (Herr Ärger, Dr. Popel oder Knuffi) und lade sie geistig auf einen Barhocker zu einem kleinen Plausch ein. Benutze deine Intuition (Ein gutes Buch zum Trainieren der Intuition ist das Buch »Leben im Licht« von Shakti Gawain**.) Wenn es dir schwerfällt, mit deiner Stimmung zu reden, versuche es mit der Übung »Wechselstuhl«: Baue zwei Kissen gegenüber auf. Stell dir vor, auf dem einen Kissen sitzt deine Stimmung. Setze dich auf das andere Kissen und frage diese Stimmung: »Knuffi, was ist deine Botschaft für mich?« Dann setze dich auf das Kissen gegenüber und stell dir vor, du bist »Knuffi« und läßt »Knuffi« durch dich antworten. Wechselt die Plätze so lange, bis ihr beide eine sinnvolle Übereinkunft getroffen habt.

Ein Beispiel: Du hast Kopfschmerzen und fühlst dich niedergeschlagen. Du fragst: »Knuffi, was ist los, was machst du da mit mir?« Als »Knuffi« antwortest du: »Ich ärgere mich, weil du deinem Körper immer so wenig Vergnügen gönnst.« Daraufhin kannst du antworten:

* von Christian Zweiacher, erschienen im Verlag PETER ERD
** erschienen im Verlag PETER ERD

»Ja, aber ich muß doch so viel arbeiten.« Daraufhin sagt Knuffi: »Damit ruinierst du dich kaputt, und damit das nicht geschieht, bin ich auf den Plan getreten. Wer gut arbeitet, hat auch das Recht – und die Pflicht – sich gut zu entspannen. Also was machen wir jetzt?« Daraufhin schlägst du einen Kompromiß vor: »Werktags arbeite ich wie bisher, aber am Wochenende gehe ich in die Natur. Bist du damit einverstanden? Knuffi sagt: »O.K.«. Dann halte dich aber konsequent an das Erkannte. Benutze für die dritte Phase folgende Fragen:

☐ »Was willst du (die Stimmung) mir günstigstenfalls signalisieren?«
☐ »Was willst du *für* mich tun?«
☐ »Was erwartet das Leben von mir jetzt?«

Segnen, loslassen, »IHN« lassen
(4. Phase der Bhakti-Meditation)

In der vierten Phase geht es darum, die Stimmung loszulassen und dich »Gott« zuzuwenden. Wenn du gerne mit Musik meditierst, empfiehlt sich für die vierte Phase eine Musik, die dich mit dem Göttlichen Prinzip in Kontakt bringt (etwa alle »Ave Marias«, »Freude schöner

Götterfunken« von Beethoven). Die Stimmung hat dir eine wertvolle Erkenntnis verschafft. Du wirst das Erkannte in die Tat umsetzen, die Stimmung ist jetzt überflüssig geworden. Du kannst sie jetzt absegnen und loslassen. Mach dir bewußt, durch wie viele Stimmungen du schon hindurchgegangen bist. **Stimmungen wechseln wie Wolken am Himmel, wenn du sie nicht festhältst.** Segnen ist keine Frage eines Rituals, sondern bedeutet einfach, in dem, was ich segne, den vollkommenen göttlichen Kern zu erkennen. Segne deine Stimmung, dich selbst, jeden Menschen, der dir in den Sinn kommt. Wende dich bewußt Gott, dem »Vater des Lichtes«, der »Einen Kraft« zu, und laß dich überraschen, wie er in dir alle Probleme löst. Mache deine Stimmung, alle Gedanken, alle Sorgen IHM zum Geschenk. Spüre deine Sehnsucht nach Gott wie eine Rose, die sich endlich traut zu blühen. Liefere dich IHM aus. Laß dich von IHM entzünden, so wie ein Streichholz eine Kerze entzündet. Setze eine Brille mit »Gott-Tönung« auf: Sehe, höre, schmecke, fühle Gott in allem, was ist. Laß IHN deinen einzigen Gedanken sein. Danke dem Vater des Lichtes dafür, daß er dir die Kraft gegeben hat, dich IHM zuzuwenden, und sei glücklich. Alles geht vorüber, nur »ER in dir« ist ewig. Gib dich IHM hin. Frage dich wie ein Kind:

☐ »Welches Gefühl mag danach kommen?«
☐ »Wie kann ich Gott in mir Platz schaffen?«
☐ »Wen und was kann ich alles segnen?«
☐ »Was will ich jetzt wirklich erleben?«

Ein guter Tip bei Schlaflosigkeit

Oft ärgert man sich darüber, daß man nicht einschlafen kann. Wann immer du nicht einschlafen kannst, mach dir bewußt: Dein Körper holt sich immer den Schlaf, den er braucht. Die Schlaflosigkeit ist nun einmal da – es liegt an dir, ob du sie feiern oder dich darüber ärgern willst. Wenn du also nicht einschlafen kannst, sieh die Schlaflosigkeit als Chance, wach zu bleiben, nutze sie als Geschenk der Nacht, für einen nächtlichen Spaziergang, um etwas zu tun, für das du bisher nie Zeit gehabt hast, um zu tanzen oder für eine schöne Bhakti-Meditation.

216

Beispiel 49:
Du liegst im Bett und kannst nicht einschlafen. Am nächsten Tag hast du einen wichtigen Geschäftstermin. Falsches Verhalten. Du bekommst einen Wutanfall darüber, daß du nicht einschlafen kannst, pumpst dich mit Schlaftabletten voll und bist am nächsten Tag völlig verkatert. Richtiges Verhalten: Du schaust dir deine Schlaflosigkeit an (A = **Anschauen**), ohne sie zu bewerten, und fragst dich: Wie mache ich Schlaflosigkeit? Vielleicht vernimmst du einen Gedanken: Ich kann nicht einschafen, ein lautes Herzpochen, ein Kribbeln in den Füßen – keine Sorge, ein gutes Zeichen: Du lebst! Dann entscheidest du dich, über deine Anstrengung und deine Unfähigkeit einzuschlafen zu lachen (L = **Lachen**). Du erkennst (E = **Erkenntnis**), daß die Regel, man brauche in jeder Nacht acht Stunden Schlaf, ein Märchen ist, denn du erinnerst dich an Zeiten (zum Beispiel im Urlaub oder als du frisch verliebt warst), in denen du wochenlang mit nur drei Stunden Schlaf pro Nacht ausgekommen bist und dich pudelwohl gefühlt hast. Du dankst deiner Schlaflosigkeit für diese Erkenntnis und segnest (S = **Segnen**) sie dafür. Wahrscheinlich kannst du bald tief schlafen. Es kann allerdings sein, daß die Schlaflosigkeit anhält. In dem Fall gibt es zwei Möglichkeiten. Entweder, dein Körper ist so ausgeruht, daß er in dieser Nacht überhaupt keinen Schlaf braucht, oder du hast die Bhakti-Meditation nur gemacht, *um* einzuschlafen, also mit *Absicht* gehandelt. Wie immer es sei, du kannst in dem Fall die Nacht genießen, einen schönen Nachtspaziergang machen, die Vögel beim Erwachen beobachten, vielleicht dich über die ersten Sonnenstrahlen freuen, bis du denkst: Na ja, die Nacht ist so schön, jetzt kann ich auch durchmachen. In dem Augenblick bist du schon eingeschlafen, denn dann hast du wirklich losgelassen.

Wie man Schmerz in Energie umwandelt
Das nachfolgende Beispiel ist ein typischer Fall dafür, daß die Absichtslosigkeit sich oft erst am Schluß der Bhakti-Meditation einstellt. Das ist völlig in Ordnung. Im Krisenfall ist es nicht notwendig, daß du dich in sturer Reihenfolge an die vier Phasen hältst. Viel wichtiger ist, daß du dir diese vier Phasen bewußt machst. Im vorliegenden Fall war

zu erkennen, daß Schmerzen an sich nichts Negatives sind. Schmerzen sind Geschenke des Lebens, die die Seelen öffnen, genauso wie Freude, Liebe oder Zuwendung. Das einzige, was Schmerzen zur Qual werden läßt, ist Mangel an Bewußtsein – Hingabe – Einverstanden-Sein. Jeder Schmerz gibt dir Energie; es liegt an dir, wie du damit umgehst, und ob du ihn als negativ oder als inspirierend einstufst. Wann immer du Schmerzen hast, mache dir bewußt: **Jeder Schmerz gibt dir »juice« (Vitalenergie).**

Beispiel 50:
Nehmen wir einmal an, du liegst nachts im Bett und hast aufgrund einer Zahnfleischentzündung solche Schmerzen, daß du glaubst, wahnsinnig zu werden. Falsches Verhalten: Du ärgerst dich darüber, nimmst Schmerztabletten, diese helfen auch nicht, und du gehst am nächsten Morgen schlechtgelaunt und griesgrämig in die Arbeit. Richtiges Verhalten: Du schaust bewußt an, was los ist. Du nimmst den Schmerz in allen Einzelheiten wahr. Nehmen wir einmal an, der Schmerz verschwindet noch nicht. Daraufhin greifst du zum Buch »Die Sprache der Symptome, die Botschaft Deines Körpers« und entnimmst dem Buch, daß eine Zahnfleischentzündung zu tun hat mit dem Urvertrauen in die Existenz. Du überlegst: Wo habe ich dieses Urvertrauen verletzt? Dir fällt ein, daß du immer Angst hast, dein Schreibcomputer könnte dir wieder kaputtgehen, und erkennst, daß auch der Schreibcomputer in die kosmische Ordnung eingebettet ist. Normalerweise müßte nach dieser Erkenntnis der Schmerz weg sein, aber nehmen wir einmal den hartnäckigen Fall, daß der Schmerz immer noch da ist. Daraufhin machst du einige Yogaübungen, die du schon lange nicht mehr gemacht hast, meditierst und machst einen langen Waldspaziergang. Irgendwann einmal fällt dir auf, daß du in dieser Nacht so viele Dinge gemacht hast, die du eigentlich schon immer machen wolltest, für die du nur bisher nie Energie hattest. Der Schmerz hat dir Energie gegeben – für Yogaübungen, Meditationen und Spaziergänge. Wenn du klug bist, wirst du diese Situation als einen Start nehmen, in Zukunft regelmäßig Yoga, Meditationen und Spaziergänge zu machen. Eine ungeheure Dankbarkeit überfällt dich

– und irgendwann, wenn du nicht mehr daran denkst, ist der Schmerz plötzlich verschwunden. Was ist geschehen? Du hast den Schmerz anfangs zwar wahrgenommen (A = **Anschauen**), aber eigentlich nicht wertneutral, du hast ihn nur wahrgenommen, *um* ihn zu beseitigen, du hast vielleicht sogar das Richtige getan, warst aber nicht absichtslos. Du konntest den Schmerz erst wirklich umarmen, das heißt, in Liebe einwickeln (L = **Liebe**), als du erkannt (E = **Erkennen**) hattest, was der Schmerz dir alles Positives gebracht hat. In dem Augenblick konntest du ihn segnen (S = **Segnen**) und hattest – ohne zu merken – losgelassen. Sicherheitshalber solltest du natürlich am nächsten Tag zur zahnärztlichen Untersuchung gehen. Sei dem Schmerz dankbar: Der Schmerz hat dir den »juice« gegeben für wesentliche Fortschritte in deinem Leben, die du ohne den Schmerz nicht geschafft hättest.

Ich lasse meine Vergangenheit los

Die Bhakti-Meditation ist auch eine hervorragende Chance, die Vergangenheit loszulassen. Wenn jemand Probleme mit der Vergangenheit hat, dann nur, weil er sie noch nicht losgelassen hat. Der große Irrtum der psychologischen Bewerter ist, daß man die Vergangenheit verstehen, bewältigen oder interpretieren müsse. Der einzige Weg, mit der Vergangenheit richtig umzugehen ist, sie bewußt und liebevoll loszulassen. Durch die Bhakti-Meditation kannst du jedes Vergangenheitstrauma auflösen.

Beispiel 51:
Du hast dich als Kind als Trottel empfunden und konntest nie gut singen. Du bist in einer Gesangsgruppe und möchtest singen lernen. Sofort kommt in dir die Erinnerung hoch: Damals auf der Fahrt von der Schule nach Hause hat dein Vater gesagt: »Aus dir wird nie was.« Falsches Verhalten: Du denkst: O ja, damals war ich so ein Trottel, ich glaube, da ist ein Kindheitsprogramm, das ich aufarbeiten muß, entfernst dich still und heimlich aus dem Gesangskurs und meldest dich für eine Therapie an. Richtiges Verhalten: Du schaust dir bewußt an, was los ist (A = **Anschauen**): *Eine* Situation aus deiner Kindheit

(nicht deine ganze Jugend!) steht vor dir. Du entscheidest dich dafür, darüber zu lachen (**L** = **Lachen**), daß dich das heute noch beeindruckt, obwohl doch die Vergangenheit schon längst tot ist. Du erkennst (**E** = **Erkenntnis**) aus dieser Situation, daß man nicht alles glauben muß, was andere einem erzählen, daß das totaler Quatsch sein kann. Du bist dankbar, daß diese Erinnerung für dich zum Auslöser geworden ist, dich bewußt ins »Hier und Jetzt« zu begeben, segnest sie und deinen Vater gleich mit (**S** = **Segnen**) und läßt die Erinnerung los (loslassen). Du sagst: »Sch ... drauf was gewesen ist«, und singst so schön wie noch nie in deinem Leben.

Gleichnis 17:
Auch das geht vorüber.

Ein guter König war bei seinem Volke sehr beliebt. So kam eines Tages der ganze Hofstaat zusammen, um sich zu beraten. Sie wollten dem König einen Ring schenken, in dem eine Weisheit für schlechte Zeiten eingraviert werden sollte. Sie berieten lange ohne Ergebnis, wie der Spruch lauten könnte. Endlich meldete sich der alte Kammerdiener zu Wort. Sein Vorschlag wurde angenommen, und sie gravierten einen Satz in einen kostbaren Ring. Sie überreichten dem König diesen Ring mit dem Wunsch, daß er ihn tragen, aber die Inschrift erst lesen sollte, wenn er in Not sei. Schon bald wurde das Land in einen Krieg verwikkelt, und der König verlor sein ganzes Reich und war mit seinem Pferd auf der Flucht. Plötzlich tat sich vor ihm ein Abgrund auf, und er wußte, daß er verloren war. Da erinnerte er sich an den Ring, nahm ihn ab und las die Inschrift: »Auch das geht vorüber.« Tatsächlich hatten sich die Feinde verlaufen, der König konnte entkommen. Und nicht nur das, mit der Hilfe eines verbündeten Königs gewann er sein Reich zurück und zog im Triumphzug durch die Stadt. Da lief sein alter Kammerdiener zu ihm und sagte: »Schau auf den Ring.« Der König verstand nicht. Jetzt, wo er seinen größten Triumph feierte! Aber seinem Kammerdiener zuliebe las er: »Auch das geht vorüber.« In dem Augenblick schmolz sein ganzer Stolz, sein Siegesgebaren und falsches Ego dahin, und er lebte von da an bewußt und glücklich im Hier und Jetzt.

Wann immer du in einer Krisensituation steckst, denke: Auch das geht vorüber.

Experiment 7:

1) Motiviere dich mit dem Arbeitsblatt 31 (Zehn Erfolgserlebnisse durch Meditation). Notiere bei bereits gehabten Erfolgserlebnissen ganz präzise die jeweilige Situation und kennzeichne sie durch ein **V** (V = Victory und zugleich: Vergangenheit), kennzeichne zukünftige Erfolgserlebnisse durch ein **Z** (Zukunft).

2) Fülle das Arbeitsblatt 32 »Bhakti-Meditation« für ein Musterbeispiel aus, und mache die Bhakti-Meditation immer wieder – auch dann, wenn du keine Stimmungen spürst. Du kannst die Bhakti-Meditation für eine Stimmung, Neigung, Laster, einen Schmerz, ein Erlebnis oder einfach nur aus reiner Freude machen. Wenn du möchtest, schneide dir auf einer Tonbandkassette geeignete Musikstücke zurecht – oft macht dann die Bhakti-Meditation noch mehr Spaß.

3) Stelle dir (am besten gleich morgens nach dem Aufwachen) vor, du stehst vor einem großen Spiegel und siehst dein Spiegelbild lächeln. Nicht nur der Mund, der ganze Körper, sogar dein Bauch, lächelt. Arbeite dich mit der Technik des inneren Lächelns durch den ganzen Körper. Wenn du magst, schlage in jeder Stelle, in die du hineingelächelt hast, einen wohltuenden Gongschlag an und entzünde dort ein Licht, bis dein ganzer Körper durchlichtet ist, wie eine Großstadt bei Nacht, in der die Lichter angehen. Beobachte, was sich durch diese geistige Übung äußerlich verändert:

4) Fülle die Arbeitsblätter 33–39 »Außenreize bewußt wählen« aus, ziehe Konsequenzen und ergänze sie immer wieder. Hierbei geht es um eine Ist-Analyse – überlege also nicht, was dir schaden könnte, sondern, was vorhanden ist, das dir schadet. Aber: Überlege, was dich aufbauen könnte, wenn du es dir aneignest. Nimm jedoch die Sache mit den Außenreizen nicht zu ernst. Sobald du merkst, daß du dich quälst, hast du dir zuviel zugemutet. Ändere deine Außenreize nur, soweit es dir echte Vorteile bringt und Spaß macht – und mache dir einen Spaß daraus, deine Außenreize zu ändern. Ein ganz neues Abenteuer Leben kann dadurch für dich anfangen – gönne dir dieses Abenteuer, man ist nie zu alt dafür. (Arthur Miller

und Pablo Picasso hatten noch in den späten Achtzigern die schönsten Frauen der Welt um sich, es gibt Rock 'n' Roll-Meister, die über siebzig Jahre alt sind, und auf beim Ball der einsamen Herzen erleben Millionen von Spätrentnern ihren vierten Frühling. Du bist so jung, wie du dich fühlst!

5) Suche täglich einen Menschen, dem du eine Freude machen kannst.

Arbeitsblatt 31 (Muster):
EA – Zehn Erfolgserlebnisse durch Meditation.

Kennwort: 01 .... Datum: 23. 11. 1987 ....

Vorteil   Konkretes Erlebnis

01) Gedanken beobachten und Abstand davon gewinnen – ich sitze im Auto an der Ampel und fühle mich in Meditation.
....

02) Ich nehme mich selbst nicht so wichtig, fühle mich wie im »Legoland« – ich gehe aus dem Haus und fühle mich so groß, als ob der Kopf an die Wolken stößt.
....

03) Ich kann meine Stimmungen wahrnehmen und fühle mich nicht mehr schlecht, auch wenn die Stimmung gerade schlecht ist – ich leide nicht darunter, daß ich leide.
....

04) Mein Geist ist frisch und klar. Ich gehe nach der Meditation direkt an die Arbeit und komme viel schneller und konzentrierter voran. (Montag/Termine eingehalten)
....

05) Ich erhalte eine noch positivere Ausstrahlung, und andere kommen auf mich zu – im Meditationszentrum kommt nach der Meditation eine Frau zu mir und umarmt mich.
....

06) Ich erhalte Antworten auf die wichtigsten Fragen, über die ich sonst tagelang gegrübelt hätte – siehe Tagebucheintragungen insbesesondere Meditation auf der Terrasse Juli 1987.
....

07) Meine Gedanken bekommen viel mehr Kraft, ich entwickle mentale Stärke, einen Gedankenlaser – ich schaue nach einer Meditation einer Frau in die Augen, und in ihr löst sich eine Blockade, und sie zuckt zusammen, ist dann erleichtert.
....

08) Ich identifiziere mich mit dem Überwinder, d. h. entdecke, daß dort, wo ich Grenzen vermutete, keine Grenzen sind – verstehe die ZEN-Meister und überwinde auch im Alltag berufliche Grenzen.
....

09) Ich erkenne, wer ich wirklich bin, und nehme meine kleinen Probleme nicht mehr so tragisch, sehe den »Kosmischen Witz«.
....

10) Ich erhalte das billigste, schönste und gesundeste Heimkino der Welt: Phantasiereisen-Meditation.
....

Arbeitsblatt 31
EA – Zehn Erfolgserlebnisse durch Meditation.

Kennwort: .... Datum: ....

Vorteil   Konkretes Erlebnis

01) ....

02) ....

03) ....

04) ....

05) ....

06) ....

07) ....

08) ....

09) ....

10) ....

Arbeitsblatt 32 (Muster):
Die Bhakti-Meditation – Balsam für alle Stimmungen

Kennwort: Schlappheit .... Datum: 1.7.1987 ....

Erlebnis: Ich arbeite nur noch wenige Stunden am Tag und habe keine Energie, etwas zu tun, statt dessen dauernd Kopfschmerzen und Müdigkeit. ....

Äußere Vorbereitung: Schütteln zu afrikanischer Urwaldmusik (30 Min.) – anfangs wollte ich nicht richtig in Gang kommen, wurde nur noch müder davon, nach ca. 20 Min. bekam ich Spaß daran. ....

A = absichtslos Anschauen, was los ist (Wie fühle ich mich? Wie mache ich das Gefühl XY?):

Wie mache ich Schlappheit? Schwere in den Füßen, ein Druck in der Stirnmitte, eine Stimme, die sagt, »Du bringst nichts mehr«, Gedanken, die kreuz und quer gehen, was ich alles tun sollte. ....

LL = Lieben oder Lachen (Wofür kann ich das Gefühl lieben? Wofür kann ich mich lieben? Worüber kann ich in dieser Situation lachen?):

Ich entscheide mich, die Schlappheit als einen Teil meines Wesens zu akzeptieren und zu lieben. Ich liebe mich dafür, daß ich mich meiner Schlappheit stelle, und ich liebe mich dafür, daß ich so fleißig sein will. Ich »vergesse« die Norm, daß man als Mann nicht schlapp sein darf. ....

E = Erkennen und Handeln (Was will das Gefühl XY für mich tun? Was will es mir günstigstenfalls signalisieren? Was erwartet das Leben von mir jetzt?):

Die Schlappheit will mich daran erinnern, gut zu mir selbst zu sein und mich nicht ständig zu überfordern, mich nicht durch das Streßdenken der anderen anstecken zu lassen. Die Schlappheit will mir sagen, daß ich nicht unbedingt ein schlechtes Gewissen haben muß, wenn ich faul bin, sondern daß Faulenzen eine Kunst ist – und Spaß macht. ....

S = SEGNEN, loslassen, IHN lassen (Wen kann ich alles segnen? Was mag danach kommen? Wie kann ich IHM noch mehr Platz in mir lassen?):

Ich segne die Schlappheit, denn sie hat mir Entspannung und Mut zur Natürlichkeit gebracht. Ich segne Ernst, der mich zum Leistungsdenken erzogen hat, denn ohne ihn hätte ich jetzt nicht diese Freude an der neu entdeckten Faulheit. ....

Arbeitsblatt 32
Die Bhakti-Meditation – Balsam für alle Stimmungen

Kennwort: .... Datum: ....

Erlebnis: ....

Äußere Vorbereitung: ....

A = absichtslos Anschauen, was los ist (Wie fühle ich mich? Wie mache ich das Gefühl XY?):

....

LL = Lieben oder Lachen (Wofür kann ich das Gefühl lieben? Wofür kann ich mich lieben? Worüber kann ich in dieser Situation lachen?):

....

E = Erkennen und Handeln (Was will das Gefühl XY für mich tun? Was will es mir günstigstenfalls signalisieren? Was erwartet das Leben von mir jetzt?):

....

S = SEGNEN, loslassen, IHN lassen (Wen kann ich alles segnen? Was mag danach kommen? Wie kann ich IHM noch mehr Platz in mir lassen?):

....

Arbeitsblatt 33 (Muster)
Ich wähle meine Medieneinflüsse* bewußt

Kennwort: 01 .... Datum: 17.10.1987 ....

Schwächt   Stärkt

01) Alle Krimis und Gruselstorys .... 01) Das Video »Momo« ....

02) Pornos .... 02) Das Video »Unendliche Geschichte« ....

03) Diskussionen von Politikern .... 03) Kinderstunde im TV ....

04) Radioberieselung .... 04) Filme über die Liebe ....

05) Zeitungen jeder Art .... 05) Soft-Sex, z. B. die »Kleinen Engländerinnen« ....

06) Kopflastige Bücher .... 06) Bücher, die nur in bewußtem Lesen verstanden werden (das unpersönliche Lesen) ....

07) Die Sportschau .... 07) Locker und witzig geschriebene Erfolgsbücher ....

08) Wissenschaftliches zu ernst genommen. .... 08) Biographien erfolgreicher Persönlichkeiten, die ich mag (Tagebuch eines Yogi) ....

09) Die Tagesschau .... 09) Seminarkassetten ....

10) Reklame jeder Art .... 10) Phantasiereisen, Kassetten von Erni Wurzenberger ....

* z. B. Fernsehsendungen, Radiosendungen, Tageszeitungen, Illustrierte, Bücher, Videos, Kino. Laß dich nie mehr berieseln – Unterbewußtsein hört mit.

228

Arbeitsblatt 33
Ich wähle meine Medieneinflüsse* bewußt

Kennwort: .... Datum: ....

Schwächt   Stärkt

01) ....   01) ....

02) ....   02) ....

03) ....   03) ....

04) ....   04) ....

05) ....   05) ....

06) ....   06) ....

07) ....   07) ....

08) ....   08) ....

09) ....   09) ....

10) ....   10) ....

* z. B. Fernsehsendungen, Radiosendungen, Tageszeitungen, Illustrierte, Bücher, Videos, Kino. Laß dich nie mehr berieseln – Unterbewußtsein hört mit.

Arbeitsblatt 34 (Muster):
Ich wähle meine Musik bewußt

Kennwort: 01 .... Datum: 22. 10. 1987 ....

Schwächt   Stärkt

01) Disharmonische Musik jeder Art   01) Mozart ....
....

02) Hard Rock ....   02) Beethoven (teilweise) ....

03) Lieder über Probleme ....   03) Barockmusik jeder Art ....
                                            ....

04) Sozialkritische Lieder ....   04) Aeoliah ....

Deutsche Schlager (es gibt
05) Ausnahmen) ....   05) Taco ....

06) Punk, Metall jeder Art ....   06) George Zamphir – Panflöte ....
                                            ....

07) Sänger mit wehleidiger Stimme .....   07) Kitaro ....

Kitschige Musik zu ernst
08) genommen ....   08) Alle Ave Marias ....

09) Popmusik (es gibt Ausnahmen) ....   09) Barockmusik jeder Art ....
                                            ....

10) Sänger mit schriller Stimme ....   10) Schöne Opernchöre ....

230

Arbeitsblatt 34
Ich wähle meine Musik bewußt

Kennwort: ....   Datum: ....

Schwächt   Stärkt

01) ....   01) ....

02) ....   02) ....

03) ....   03) ....

04) ....   04) ....

05) ....   05) ....

06) ....   06) ....

07) ....   07) ....

08) ....   08) ....

09) ....   09) ....

10) ....   10) ....

Arbeitsblatt 35 (Muster):
Ich wähle die Gegenstände um mich herum* bewußt

Kennwort: 01 .... Datum: 22.10.1987 ....

Schwächt   Stärkt

01) Die Farben rot und schwarz und grau ....

01) Die Farben Türkis, Königsblau und Weiß ....

02) Modern Art, Bizarres ....

02) Bilder von Jesus ....

03) Neonlicht ....

03) gemütliches Licht und Kerzenbeleuchtung ....

04) Unordnung (!!!) ....

04) Räume, die fast leer sind ....

05) Kleidung aus Synthetik ....

05) warmer Fußbodenteppich aus Wolle ....

06) Enge Schuhe ....

06) Kleidung aus Baumwolle ....

07) Dreckige Wohnung ....

07) bequeme Schuhe aus natürlichem Material ....

08) Kleidung, die eine »Macke« (Flecken etc.) hat ....

08) gepflegte Schuhe und Fingernägel ....

09) unbearbeiteter Garten, besonders ungemähter Rasen ....

09) mein Schreibtisch, so wie er ist ....

10) fehlende zweite Bettdecke bei gemeinsamer Übernachtung mit Partnerin ....

10) mein »Fernsehsessel« ....

* z.B. Wandfarbe, Bilder an den Wänden, Raumbeleuchtung, Ordnung in den Regalen und Schränken, »Ramsch« auf dem Speicher (Palast = Ballast), Kleidung, Schuhe, Seife, Parfüm, Frisur, Zustand des Autos, der Wohnung etc.

Arbeitsblatt 35
Ich wähle die Gegenstände um mich herum* bewußt

Kennwort: .... Datum: ....

Schwächt   Stärkt

01) .... 01) ....

02) .... 02) ....

03) .... 03) ....

04) .... 04) ....

05) .... 05) ....

06) .... 06) ....

07) .... 07) ....

08) .... 08) ....

09) .... 09) ....

10) .... 10) ....

* z. B. Wandfarbe, Bilder an den Wänden, Raumbeleuchtung, Ordnung in den Regalen
und Schränken, »Ramsch« auf dem Speicher (Palast = Ballast), Kleidung, Schuhe, Seife, Parfüm, Frisur, Zustand des Autos, der Wohnung etc.

Arbeitsblatt 36 (Muster):
Ich wähle meine Nahrung* bewußt

Kennwort: 01 ....   Datum: 22.11.1987 ....

Schwächt   Stärkt

01) Zucker in jeder Form ....   01) Vollkornsemmeln ....

02) Alkohol in jeder Dosis ....   02) Dinkelbrei ....

03) Fleisch in jeder Form ....   03) Kartoffeln weich gekocht ....

04) Karotten ....   04) wilder Reis ....

05) Tomaten roh (nicht Tomatensoße
auf Spaghetti) ....   05) gemischter Salat ....

06) alles, was aus Büchsen kommt ....   06) Zimt, Nelken, Nüsse, alle
Kokosprodukte! ....

07) Fett! ....   07) Zitrusfrüchte in kleinen Mengen ...

08) Essen vor 12 Uhr mittags
(Ausnahme: eine Semmel) ....   08) Tee in kleinen Mengen ....

09) Zuviel Essen!!
(immer nur ⅓ von dem essen, was
serviert wird) ....   09) Eis in Minidosis (?) ....

10) Kaffeeprodukte! ....   10) Drachenmilch ....

*z. B. Wie fühlst du dich nach dem Verzehr von Zucker, Weißbrot, Schweinefleisch, Wurst, Hamburger, Kaffee, Tee, Süßigkeiten, Pommes frites, Limonade, Alkohol, Honig, Vollkornbrot, Gemüse, Wasser oder Müsli?

234

Arbeitsblatt 36
Ich wähle meine Nahrung* bewußt

Kennwort: ....   Datum: ....

Schwächt   Stärkt

01) ....   01) ....

02) ....   02) ....

03) ....   03) ....

04) ....   04) ....

05) ....   05) ....

06) ....   06) ....

07) ....   07) ....

08) ....   08) ....

09) ....   09) ....

10) ....   10) ....

*z. B. Wie fühlst du dich nach dem Verzehr von Zucker, Weißbrot, Schweinefleisch, Wurst, Hamburger, Kaffee, Tee, Süßigkeiten, Pommes frites, Limonade, Alkohol, Honig, Vollkornbrot, Gemüse, Wasser oder Müsli?

Arbeitsblatt 37 (Muster):
Ich wähle Tätigkeiten bewußt

Kenntwort: 01 .... Datum: 22. 11. 1987 ....

Schwächt   Stärkt

01) Körperlich arbeiten, technische
Gegenstände reparieren ....

01) mit offenem Cabrio durch Italien
düsen ....

02) putzen in der Wohnung ....

02) flirten ....

03) im Stau stehen ....

03) schmusen ....

04) intellektuell diskutieren! ....

04) skilaufen ....

05) etwas haben müssen! ....

05) surfen ....

06) Streß veranstalten!! ....

06) Musik hören ....

07) Zahnarztbesuch ....

07) schwimmen ....

08) zu viele Eindrücke gleichzeitig
bekommen ....

08) Yoga und Meditation ....

09) einkaufen gehen in die City, wenn
es voll ist ....

09) meditativer Spaziergang – keine
Worte! ....

10) artig sein, wenn mir nach Blödsinn
machen zumute ist ....

10) sonnenbaden, danach ein kühler
Drink ohne Alkohol ....

236

Arbeitsblatt 37
Ich wähle Tätigkeiten bewußt

Kenntwort: ....   Datum: ....

Schwächt   Stärkt

01) ....   01) ....

02) ....   02) ....

03) ....   03) ....

04) ....   04) ....

05) ....   05) ....

06) ....   06) ....

07) ....   07) ....

08) ....   08) ....

09) ....   09) ....

10) ....   10) ....

Arbeitsblatt 38 (Muster):
Ich wähle meine Aufenthaltsorte* bewußt

Kennwort: 01 .... Datum: 22. 11. 1987 ....

Schwächt   Stärkt

01) Ruhrgebiet ....   01) Italien ....

02) Die Wohnung meiner Eltern –
Ausnahme Wohnzimmer und
Garten – ....   02) Teneriffa ....

03) Fußballstadion ....   03) Brasilien/Thailand ....

04) Supermarkt ....   04) Fernsehsessel im Wohnzimmer ....

05) Innenstadt ....   05) Meditationszentrum ....

06) Museum, Oper, Schauspielhaus ....   06) Gesundheitspark ....

07) Schreibcomputer ....   07) Open Air Disco!! ....

08) Kneipen ....   08) Cafés und Bistros ....

09) Spielhöllen! ....   09) Sonne, Sand und Meer oder See

10) Bierkeller ....   10) Urwald! ....

* z. B. das Auto, die Sauna, das Café, die Wohnzimmerecke, das Hallenbad, Seenland-schaften

238

Arbeitsblatt 38
Ich wähle meine Aufenthaltsorte*bewußt

Kennwort: .... Datum: ....

Schwächt   Stärkt

01) .... 01) ....

02) .... 02) ....

03) .... 03) ....

04) .... 04) ....

05) .... 05) ....

06) .... 06) ....

07) .... 07) ....

08) .... 08) ....

09) .... 09) ....

10) .... 10) ....

* z. B. das Auto, die Sauna, das Café, die Wohnzimmerecke, das Hallenbad, Seenland-
schaften

Arbeitsblatt 39 (Muster):
Ich wähle Menschen, Tiere, Pflanzen* bewußt

Kennwort: 01 .... Datum: 22.11.1987 ....

Schwächt   Stärkt

01) ....   01) Kurt ....

02) ....   02) Elke ....

03) ....   03) Erni ....

04) ....   04) Panna ....

05) ....   05) Günther ....

06) ....   06) Karin ....

07) ....   07) Eltern manchmal ....

08) ....   08) Dina ....

09) ....   09) Oma ....

10) ....   10) Angelika ....

* z. B. der Partner, Bekannte, die Verkäuferin im Supermarkt, Kollegen, die Schwiegermutter, der Hausdackel, Vögel im Garten, die Eiche . . . – Da wo ich keine Wahl habe,
sollte ich lernen, den anderen so zu mögen, wie er ist.

240

Arbeitsblatt 39
Ich wähle Menschen, Tiere, Pflanzen* bewußt

Kennwort: ....   Datum: ....

Schwächt   Stärkt

01) ....   01) ....

02) ....   02) ....

03) ....   03) ....

04) ....   04) ....

05) ....   05) ....

06) ....   06) ....

07) ....   07) ....

08) ....   08) ....

09) ....   09) ....

10) ....   10) ....

* z. B. der Partner, Bekannte, die Verkäuferin im Supermarkt, Kollegen, die Schwiegermutter, der Hausdackel, Vögel im Garten, die Eiche . . . – Da wo ich keine Wahl habe, sollte ich lernen, den anderen so zu mögen, wie er ist.

NACHWORT:

Ich suche Gleichgesinnte
Jetzt gibt es keine negativen oder ärgerlichen Erlebnisse mehr für dich. Du hast erkannt, daß jedes Problem in Wahrheit ein Geschenk ist, das du dir selbst machst. Das Geschenk liegt in der Entwicklung. Alles, was du jetzt erlebst, ist entweder *angenehm* oder *hilfreich*. Du hast in diesem Buch das Rüstzeug bekommen, um *jede* Situation zu meistern. Eine wunderbare Zukunft liegt vor dir: Wenn etwas angenehm ist, dann kannst du dich einfach daran freuen. Wenn etwas hilfreich (das heißt unter Umständen auch angenehm) ist, bietet dir das Leben die Chance zu einer wesentlichen Erkenntnis, die dich weiterbringt, und dafür kannst du erst recht dankbar sein. Eugen Roth sagt: »Der Mensch blickt in die Zeit zurück und sieht, sein Unglück war sein Glück.« Was immer du jetzt aufgrund des Gelesenen beschließt, bleibe am Ball, denn nicht das Anfangen wird belohnt, sondern nur das Durchhalten.

Hier der einfachste Weg durchzuhalten: Suche Gleichgesinnte, indem du dich anmeldest für einen Kurs in Yoga, Autogenem Training, Meditation, Tanzen, Stretching oder ähnlichem. Du findest solche Angebote in den »gelben Seiten« der Telefonbücher, in den Anzeigenblättern, den Tageszeitungen oder den Volkshochschulen. Wenn du magst, gründe mit einigen Gleichgesinnten eine »Teerunde«, einen »Freundeskreis« oder einen »Meditationsabend« mit jeweils klar vorgegebener Zielsetzung. Suche dir zumindest *einen* Meditations- oder Übungspartner. Halte durch! Ein chinesisches Sprichwort lautet:

»Der Mensch könnte alles erreichen, hätte er die Beharrlichkeit.«

Ich sammle schriftliche Erfolgserlebnisse

Die Arbeitsblätter helfen dir, in Lösungen zu denken. Benutze sie regelmäßig, denn: Nur schriftliches Denken ist folgerichtiges Denken. Kauf dir ein **Tagebuch**. Verwende die vorgegebenen Strukturen aus den Arbeitsblättern, insbesondere die Bhakti-Meditation. Du kannst dein Tagebuch auch symptomorientiert benutzen, das heißt nur dann etwas eintragen, wenn etwas Wesentliches geschehen ist. Aber vergiß deine Arbeit mit deinem Tagebuch nicht, denn: **Hast du erst einmal schriftliche Erfolgserlebnisse gesammelt, ist schon das Gröbste geschafft.** Du hast viele wertvolle Tips bekommen – mehr als Menschen früher in einem ganzen Leben. Wann immer du mit Stimmungen oder unliebsamen Situationen konfrontiert wirst, befrage nicht deine Nachbarn oder Bücher, sondern dich selbst! Manchmal wirst du ein wenig warten müssen, bis deine Intuition dir antwortet, aber Geduld zahlt sich aus. In den USA gibt es einen Spitzenmanager, der bekannt dafür ist, daß er sich seine Entscheidungen »ersitzt«, das heißt, er meditiert während der Arbeitszeit, und nach einigen Stunden kommt er aus dem Chefzimmer und weiß, was zu tun ist. Die Techniken in diesem Buch sind erprobt und bewährt – es gibt nur einen Grund, warum sie nicht funktionieren könnten: Wenn du sie nicht anwendest!

Ich bleibe am Ball – gleich was passiert.

Wenn du einmal »abstürzt«, mache dir nichts daraus: Stehe einfach wieder auf und schau nach vorn. Lerne vom Gummiball: Je tiefer er untergetaucht wird, um so höher springt er wieder aus dem Wasser. Nach jedem »Tod« folgt eine »Wiederauferstehung«. Der indische Mystiker Satja Sai Baba sagt:

> »Kein Fehlschlag ist vergeblich.
> 1000 Mal wirst du stolpern.
> 100 Mal wirst du stürzen.
> Um eines Tages aufzuwachen
> und zu erkennen, daß du ›göttlich‹ bist.«

Gedankendisziplin macht frei

Es gibt einen kleinen Schlüssel, der dir hilft, besser durchzuhalten, ein kleiner Schlüssel, der selbst Tresortüren öffnet. Dieser Schlüssel heißt: **Gedankendisziplin!** Sei ein Überwinder. Ein kluger Mann sagte einmal: »Wenn die Leute wüßten, was fehlende Selbstdisziplin kostet, würden sie durchhalten.« **Selbstdisziplin ist die Anerkennung der Gedankenkraft.** Gedanken sind zwar unsichtbar – aber nicht unwirksam. In den Schriftrollen der Essener Bruderschaft des Lichts steht: »Der Blitz, der die mächtige Eiche fällt, ist ein Kinderspiel gegen die Macht eines Gedankens.« Die höchste Form der Gedankendisziplin ist es, jeden Gedanken Gott zu widmen. (Gott ist kein alter Mann mit langem weißen Bart, sonden ein Codewort für die höchste Energie im Universum – nicht mehr und nicht weniger.) Emmet Fox von Unity[*] empfiehlt im »goldenen Schlüssel«: **»Höre auf, an Schwierigkeiten zu denken, einerlei was es ist, denke statt dessen an Gott.«** Dieser Spruch mag dir vielleicht fromm vorkommen, aber an IHN zu denken ist das einzige, was *immer* funktioniert. Und warum sich auf unnötige Risiken einlassen? Jedes Problem ist im Grunde genommen nur ein Identifikationsproblem: Mit wem identifiziere ich mich – mit dem Problem oder mit IHM? Übe dich also in Gedankendiszplin für Gott, gib dich IHM hin, der schon seit Ewigkeiten darauf wartet, mit dir in Kontakt zu treten. Dann entdeckst du, daß der Sucher der Gesuchte ist. Dann setzt in deinem Leben Führung ein, und deine Entwicklung wird von deinem inneren Christus, deinem göttlichen Funken eingeleitet: Widme dein Leben diesem inneren Christus, und dein Leben wird ein Fest:

> **Hingabe ist der Schlüssel,**
> **der letzte Schlüssel**
> **von der Hölle zum Himmel,**
> **vom Ego zur »Göttlichkeit«.**

[*] von Emmet Fox erschien im Verlag PETER ERD *Macht durch positives Denken*

1. SICH ÄRGERN BIETET KEINEN VORTEIL

Mensch, ärgere Dich nicht! Ärger schadet der Gesundheit, stört den Schlaf, belastet die Verdauung, macht unbeliebt bei der Umgebung, zerrüttet die Nerven und kostet wertvolle Lebensenergie. Ärger macht den Ärger nur noch ärger. Verlerne deshalb das Ärgern so schnell wie möglich. Wenn du dich aber geärgert hast, verschwende keinen Gedanken mehr daran, was gewesen ist. Wandle deinen Ärger um in körperliche Bewegung (beispielsweise Schütteln zu afrikanischer Trommelmusik). Schüttle ab deinen Ärger, tanze weg deine Sorgen, vergiß, was war, freu dich auf morgen.

2. NIEMAND KANN DICH ÄRGERN – AUSSER DU DICH SELBST

Werde ein Meister deiner Emotionen. Niemand auf der Welt hat die Macht, dich zu ärgern, außer du dich selbst. Schon die Sprache sagt: »*Ich* ärgere mich.« Niemand ärgert dich also. *Sich* ärgern ist eine unvorteilhafte Angewohnheit. Du kannst alles zum Anlaß nehmen, dich zu ärgern, du kannst es aber genausogut auch sein lassen – es ist *deine* Entscheidung. Verzeihe allen, die dich geärgert haben, verzeihe auch dir selbst – es gibt keine Schuld. Suche immer die Lösung, nie den Schuldigen, dann denkst du wirklich positiv. Schau nie zurück, schau nie nach rechts und nie nach links, schau nur noch nach vorne. Frag dich: »Was erwartet das Leben von mir *jetzt*?« – und du bist auf dem richtigen Weg.

3. VERGISS ALLE ERWARTUNGEN UND SEI OFFEN FÜR DIE WUNDER DES LEBENS

Schuld am Ärger sind die Erwartungen. Die Chance, daß die Welt deine Erwartungen erfüllt, stehen nämlich nur 1:99. Erwarte nie mehr etwas – und du wirst nie mehr enttäuscht. Im Gegenteil: Das Leben kann dich jetzt angenehm überraschen. Akzeptiere alles, was ist – für jetzt. Handle absichtslos. Begehre nichts, aber weise auch nichts zurück. Opfere alles für deinen inneren Frieden. Frage dich: »Was ist das

Geschenk des Lebens an mich jetzt?« – und du hast ständig Grund, glücklich zu sein.

4. HOLE DIR ENERGIE AUS JEDER BEGEGNUNG

Gewinne eine sportliche Einstellung zu Ärgernissen. Sieh in jedem, der dich ärgert, einen Privattrainer, der testet, inwieweit du schon in der Harmonie bist. Höre auf, das Verhalten anderer auf dich zu projizieren, insbesondere werde frei von Lob und Kritik. Lob und Kritik sind nur die Meinung eines anderen – und die kann falsch oder richtig sein. Mache also nie dein Glücksgefühl davon abhängig, ob andere dich gut finden. Genieße es, unberechenbar zu sein: »Ist das Image einmal flöten, lebt man ohne zu erröten.«

Wirst du kritisiert, vermeide Rechtfertigungen, Gegenattacken, Entschuldigungen oder Diskussionen. Trenne die Botschaft vom Botschafter und untersuche nur, ob die Kritik *sachlich* berechtigt ist. Wenn ja, hat der andere dir einen Tip gegeben, dich weiter zu entwikkeln, wenn nein, hat der andere sich einfach nur geirrt. Prüfe immer wieder: Ist das, was du verstehst, auch das, was du hörst? Ist das, was du sagst, auch das, was du meinst? So vermeidest du unnötige Mißverständnisse. Falle nie mehr auf »Pöbel« herein: Wirst du unsachlich kritisiert, ist es ja der andere, der *sich* ärgert – er hat *sich* gemeint. Was hast du damit zu tun? Lasse ihn einfach mit seinen Aggressionen im Regen stehen.

Wenn du selbst Kritik übst, diskutiere nicht über Meinungen und Normen, das führt kaum zu Harmonie. Teile besser mit, was du empfindest und was mit *dir* los ist. Laß den anderen in der »Ich-Botschaft« wissen, was er in dir auslöst. Er muß sich ja dafür nicht rechtfertigen. Nimm dich nicht wichtig, ohne dich wichtig zu nehmen. Stoppe Eingriffe in deine Freiheit mutig und ärgerfrei. Kritisiere immer nur die Tat, nicht den ganzen Menschen. Richte nicht, sondern richte auf: »To be a lifter is the easiest way to be lifted.« Sag, was du willst, aber erwarte nicht, daß du es bekommst. Sei einfach dem anderen eine Chance. Dann ist deine Mitteilung ein Geschenk. Erwarte aber nicht, daß der andere es annimmt. Frage den anderen: »Was tun *wir* jetzt?« – und du lebst in liebevoller Koexistenz.

5. LIEBE DAS LEBEN UND TU, WAS DIR SPASS MACHT

Erst einmal liebe dich selbst. Ärger hängt immer auch mit fehlender Liebe zusammen. Höre auf, dich zu ändern, und fange an, dich zu lieben. Sei du selbst und tue, was dir Spaß macht. Natürlich zu sein ist der größte Energiesparer. Vergiß die ganze Moral und Erziehung, vergiß, was »man tut« und was andere von dir erwarten – du hast damit nichts zu tun. Gib jede falsche Zurückhaltung auf. Du bist nicht auf der Welt, um die Erwartungen anderer zu erfüllen. Frag dich: »Wenn ich könnte, wie ich wollte, was würde ich dann am liebsten tun?« – und tue es. Lebe glücklich, auch wenn es anderen nicht gefällt.

Nimm auch deinerseits die Menschen so, wie sie sind – es gibt keine anderen. Verzeihe dem anderen dafür, daß er so ist, wie er ist – noch besser: Urteile gar nicht erst über ihn. Versuche nicht, Menschen ändern zu wollen – es klappt nicht. Du willst nicht, daß man dich ändert; genausowenig wollen die anderen von dir geändert werden. Jeder hat das Recht, so zu sein, wie er ist, und du hast nicht das Recht, ihn zu ändern. Sei also kein Weltverbesserer, sondern ein Menschenfreund.

6. SEI BEWUSST IM HIER UND JETZT

Lerne, deine Mitmenschen mit ganz neuen Augen zu sehen: Wer es sich leisten kann, lauter großartige Menschen um sich zu haben, lebt in einer großartigen Welt. Sprich deine Mitmenschen auf der Ebene an, auf der du von ihnen angesprochen werden möchtest. Reagiere auf Ärgernisse und Bewußtsein – und du lebst frei von Resonanz. Nutze Ärger als Handlungsimpuls, etwas zu ändern, statt dich nur darüber aufzuregen. Setze also deine Energie immer für – nie gegen – etwas ein.

7. LEBE IN EINKLANG MIT DIR SELBST

Tu, was dich stärkt, und lasse, was dich schwächt. Wähle also die Radio- und Fernsehsendung, Nahrung, Kleidung, Aufenthaltsorte und Freunde aus, die dich stärken.

Lerne die Kunst der Meditation. Wann immer es dir schlechtgeht, verlasse die stürmische Brandung und gehe in Meditation. Du kannst nicht tiefer fallen als in Gottes Hand. Löse Verstimmungen mit vier Schritten auf: 1. Bewußt anschauen, was los ist. 2. Schritt: Die Stimmung in Liebe einhüllen oder darüber lachen. 3. Schritt: Die Stimmung nach ihrer Botschaft fragen. 4. Die Stimmung segnen und vergessen. Wenn du einmal gar nicht weiter weißt, denke: Auch das geht vorüber. Stimmungen wechseln wie Wolken am Himmel, wenn du sie nicht festhältst.

Suche Gleichgesinnte auf dem Weg zum »neuen Gemütsmenschen« und sammle schriftliche Erfolgserlebnisse (Tagebuch!). Übe dich beharrlich in Gedankendisziplin – der Meisterschaft über deine Gedanken. So wird ein ärgerfreies und glückliches Leben Teil deiner Persönlichkeit.

Diplom

Herr/Frau _____

hat am ___ _____ den Lehrgang

Nie mehr ärgern

erfolgreich abgeschlossen und wird hiermit zum

neuen Gemütsmenschen

ernannt. Er/sie ist damit berechtigt und verpflichtet, sich ab
heute nie mehr zu ärgern.

Klaus Becker

München, _____   _____

ANHANG:

Weiterempfehlungen

Nachfolgend empfehle ich dir einige Bücher, Musikstücke und Übungen. Wenn dir die Arbeit mit mir gefallen hat, empfehle mich weiter oder verschenke mich, »denn die Freude, die wir geben, kehrt ins eigene Herz zurück!« Wenn du magst, kannst du das Seminar »Nie mehr ärgern« – aufbauend auf diesem Buch – besuchen. Das Kursprogramm mit den aktuellen Terminen erhältst du von:

Klaus Jürgen Becker
Zittelstraße 6
8000 München 40

Kassettenempfehlungen

1) Klassische Musik zur Entspannung:
   - ☐ Jede Form der Barockmusik (z. B. die »Mandolinenkonzerte« von Vivaldi) wirkt vitalisierend auf Nerven und Psyche
   - ☐ »Air« von Bach – bringt Ruhe und Entspannung
   - ☐ Der »Kanon« von Pachelbel – vermittelt tiefe Geborgenheit
   - ☐ Die »Violinromanze« Nr. 2 Op. 50 von Beethoven – öffnete die Seele
   - ☐ »Les plus beaux Ave Maria« (die schönsten »Ave Marias«/Phillips) – stärken und erheben das Bewußtsein.

2) Moderne Musik zur Entspannung:
   - ☐ »The Fairy Ring« von Mike Rowland – Pianomusik, die ein angenehmes Wohlgefühl verbreitet
   - ☐ »In the Land beyond my Dreams« vom Yoganandazentrum Los Angeles – verbreitet eine gemütliche Atmosphäre, wirkt stark harmonisierend
   - ☐ »Classic by Candlelight« von George Zamphir – Panflötenmusik, die das Herz öffnet
   - ☐ »Cicada« von Deuter – New-Age-Musik, die viel Fröhlichkeit ausstrahlt

3) Klassische Musik zum Kraft-Tanken:
   - ☐ »An der schönen blauen Donau« von J. Strauß – beschwingt Leib und Seele, der Walzertakt stärkt das Immunabwehrsystem
   - ☐ »Elias« von Mendelssohn – eine Oper, erschütternd, gibt viel Kraft
   - ☐ »Bolero« von Ravel – fördert die Vitalkraft

4) Musik zur Meditation:

☐ »A Wonderful Day« von Sweet People (Polydor) – bringt Sonne und einen schönen Sommerwald ins Wohnzimmer, auch geeignet für Phantasiereisen

☐ »Relax Sounds II – Eternal Peace« (MVG-Verlag) – harmonische gleitende Meditationsmusik, die zu tiefem inneren Frieden führt

☐ »Nature Sounds – Blaue Lagune« (MGV-Verlag) – Originalaufnahmen von Naturgeräuschen in einer blauen Lagune – gut zum Loslassen sowie für Phantasiereisen

☐ »Oasis« von Kitaro – von Anfängern wie von Profis benutzt zur Begleitung von Yoga, Meditation, Entspannung – eine Musik zum Dahintreiben

☐ »Atlantis mind« von Christian Zweiacher (Verlag PETER ERD) – harmonisch gleitende Meditationsmusik, erhebt das Bewußtsein

☐ »Angel Love« von Aeoliah (Aquamarin Verlag Grafing) – Meditationsmusik aus anderen Sphären, erhebt das Bewußtsein

☐ »Klangschalenmeditation« von Klaus Wiese, Akasha-Versand München – für alle, die in sich hineinhorchen möchten

☐ »Zen« von Tony Scott Musik Co. (Polydor) – fördert das Eingehen in die Gedankenstille

☐ »Natural Ambience« von Sidh Tepperwein (IMP-Tondstudio Zimmermann, Postfach, 8951 Rieden/Kaufbeuren)

5) Popmusik zum Tanzen und Frühaufstehen:

☐ »Happy Birthday« von Stevie Wonder – verbreitet Fröhlichkeit

☐ »I am what I am« von Gloria Gaynor – stärkt das Selbstbewußtsein

☐ »Live is Life« von Opus – zum Loslassen der Vergangenheit

☐ »Musik aus Zeit und Raum« von Jean Michel Jarre (Polydor) – gibt Power

☐ »Jesus Christ Superstar« – Rockoper (MCA-Records) – gibt innere Stärke

6) Trommelmusik zum Abschütteln von Spannungen:
   ☐ »Live 78« von Afrikan Dijole (FMP-Records Berlin) – relativ
   schnelle Trommel, erdet
   ☐ »Kundalinimeditation« (Rajneesh Services, Venloerstr. 4, Köln)
   – sehr schnelle Trommel, läßt die Energie aufsteigen

7) Energie und Klang:
   ☐ »Breaking up Etheric Cristallization with Sound – Channelled
   Music by George Golding« (erhältlich bei E. Amman, Peralohstr.
   64, 8000 München 83) – stellt den Energiefluß im Körper wieder
   her
   ☐ »Earth Transfigured« mit George Golding und Ascentia (erhält-
   lich bei E. Amman, Peralohstr. 64, 8000 München 83) lädt den
   Körper mit kosmischer Energie auf

8) Empfehlenswerte Textkassetten:
   ☐ »Wie man richtig meditiert« von Kurt Tepperwein, erhältlich bei
   F. S. Tepperwein, Am Birkenbusch 52, 5060 Bergisch Gladbach
   ☐ »Mentaltraining« von Kurt Tepperwein, erhältlich bei F. S. Tep-
   perwein, Am Birkenbusch 52, 5060 Bergisch Gladbach
   ☐ Alle Seminaraufzeichnungen von Kurt Tepperwein (IMP Ton-
   studio Zimmermann, Postfach, 8951 Rieden/Kaufbeuren)
   ☐ »Phantasiereisen« von Dr. G. Bayer, Pestalozzistr. 40b, 8000
   München 2
   ☐ »Klein und Wagner« von Herrmann Hesse
   ☐ »The Power of Silence«, eine Raja Yoga-Meditation (Brahma
   Kumaris Headquarter Indien) gesprochen in Deutsch
   ☐ Das »Vater Unser«, gesprochen von Erni Wurzenberger (An-
   schrift: Erni Wurzenberger, Letting 29, A5760 Saalfelden, Öster-
   reich)

Buchempfehlungen

1) Sachbücher:

☐ »Die Kunst ein Egoist zu sein« von Josef Kirschner (Droemer-Knaur, München 1976) – wie man glücklich lebt, auch wenn es anderen nicht gefällt

☐ »Tele-Psi, Die Macht Ihrer Gedanken« von Dr. Joseph Murphy (Verlag PETER ERD, München 1979) – eine Einführung in das »positive Denken«

☐ »Der Sinn des Erfolges« von A. R. Stielau Pallas, Pallas GmbH, Berg 1 bei Starnberg.

☐ »Märchenhafte Freiheit« von A. R. Stielau Pallas (Verlag PETER ERD, München 1986) – ein Buch, das aufräumt mit den Märchen, die uns am wirklichen Leben hindern

☐ »Yoga – das 28-Tage-Programm von Richard Hittlemann (Heyne, München 1977) empfehlenswert für alle, die einmal unkompliziert ins Hatha-Yoga hineinschnuppern möchten

☐ »Mudras, Geheimsprache der Yogis« von Ingrid Ramm-Bonwitt (Verlag Hermann Bauer, Freiburg 1987) – die Wirkung von Gesten auf sich und andere

☐ »Die Botschaft Deines Körpers« von Kurt Tepperwein – durch Selbsterkenntnis Krankheiten und Symptome verstehen und auflösen lernen, gehört in jede »Hausapotheke« (erhältlich vom Buchversand F. S. Tepperwein, Am Birkenbusch 52, 5060 Bergisch Gladbach)

☐ »Alta-Major Energie« von Divo Helche Weber (Verlag PETER ERD, München 1987) – ein Weg zum Aufrechtsein und Bewußtwerden

☐ »Rezepte zum Glück« von Ken Keyes jr. (Felicitas Hübner Verlag, Waldeck 1983) – drei einfache, aber effektive Rezepte, Frust jeder Art zu vergessen

☐ »Lieben heißt die Angst verlieren« von Dr. Jampolsky (Felicitas Hübner Verlag, Waldeck) – auf lustige und flotte Weise werden effektive Methoden vermittelt, Angst und Schuldgefühle wegzuwerfen

☐ »Leben im Licht« von Shakti Gawain (Verlag PETER ERD, München 1987) – ein Wegweiser zur Intuition, der auch für Laien verständlich ist

2) Märchenbücher, die verborgene Weisheiten enthüllen:

☐ »Momo« von Michael Ende, (Thienemann-Verlag, Stuttgart ³¹1986) – leichtverdaulich, schnell zu lesen, aber mit eingebauten Aha-Effekten. Empfehlenswert für alle, die zu wenig Zeit haben.

☐ »Die unendliche Geschichte« von Michael Ende (Thienemann-Verlag, Stuttgart 1978) – enthält höchste Einsichten in einer atemberaubenden Geschichte, die jeden angeht. Empfehlenswert für Genießer.

☐ »Pauanui« von Alfred R. Stielau-Pallas (erhältlich bei Pallas GmbH, Berg 1 bei Starnberg) – eine märchenhafte Sage mit wunderschönen Landschaftsaufnahmen und hohem Ausdrucksgehalt. Sehr anspruchsvoll.

☐ »Der verzauberte Aquamarin« von Peter Michel (Aquamarin Verlag, Grafing 1987) – Märchen aus einer anderen Welt

3) Bilderbücher – nicht nur für Kinder:

☐ »Tranquilla Trampeltreu, die beharrliche Schildkröte« von Michael Ende, Manfred Schlüter und Willfried Hiller (Thienemann-Verlag, Stuttgart 1982) – ein Buch, das Beharrlichkeit und die Kraft gibt, durchzuhalten

☐ »Norbert Nackendick, das nackte Nashorn« von Michael Ende und Manfred Schlüter (Thienemann-Verlag, Stuttgart 1984) – ein Buch, das den Mut gibt, äußere Panzerungen fallenzulassen

☐ »Die Geschichte vom guten Wolf« von Peter Nickl und Jozef Wilkon (Nord-Süd-Verlag, Mönchaltdorf, Schweiz 1982) – ein Buch, das alle Vorurteile auf den Kopf stellt

☐ »Du hast angefangen – nein Du« von David McKee (Verlag Sauerländer, Aarau, Ffm) – ein Buch, das zeigt, daß im Grunde genommen jeder irgendwo recht hat

☐ »Das Traumfresserchen« von Michael Ende und Annegret Fuchshuber (Thienemann-Verlag, Stuttgart 1978) – ein Buch, das zeigt, daß es keine »negative« Energie gibt

☐ »Der Traumbaum« von Winfried Wolf und Manfred Schlüter (Nord-Süd-Verlag, Mönchaltdorf, Schweiz 1987) – ein Buch, das von bösen Träumen und Einbildungen befreit

4) Esoterik:

☐ »Lebensweisheiten« von Kurt Tepperwein – ein Buch zum »Schmökern«. In leichtverdaulichen Sinnsätzen steckt wertvolle Lebenshilfe. Ein tolles Geschenk zum Mitbringen (erhältlich bei F. S. Tepperwein, Am Birkenbusch 52, 5060 Bergisch Gladbach).

☐ »Die Einweihung« von Elisabeth Haich (Drei Eichen Verlag, München 1982) – ein Buch über Mystik, Ägypten und alte Geheimnisse

☐ »Zeit zur Freude« von Rhea Powers (Falk Verlag, Planegg 1987) – die Botschaft der »Venusier« an die Erdenbewohner: »Sei Du selbst«

☐ »Das unpersönliche Leben« von Joseph S. Benner (Verlag Dem Wahren-Schönen-Guten, Baden-Baden ⁴1985) – hohes Niveau, nur für Fortgeschrittene empfehlenswert

Empfohlene Körperübungen

1) Übungen aus dem *Hatha-Yoga* (s. Buchempfehlung)

2) Übungen aus der *Feldenkrais-Arbeit* (s. Fachliteratur im Buchhandel)

3) Übungen aus dem »*Tai Chi*« (s. Fachliteratur im Buchhandel)

4) *Sich schütteln zu Trommelmusik* (mind. 15 Min.): Ohne Kraftanstrengung, ganz locker und gefühlvoll, aber mit geschlossenen Augen (Lufthansa-Augenmaske) Füße ausschütteln, Hände ausschütteln, Kopf schütteln, Becken schütteln, den ganzen Körper schütteln, dabei von innen her weich werden, so daß die Körperenergie ins Fließen kommt. Lockert und entspannt bei Streß.

5) *Stampfen:* Barfuß mit den Füßen auf dem Boden stampfen, dabei die Hände wie beim Doppelstockeinsatz im Skilanglauf schwingen und aus dem Bauchzentrum heraus bei jedem Ausatmen »huh« brüllen (ca. 15 Min.), gegebenenfalls zu afrikanischer Urwaldmusik. Befreit auf aufgestauten Spannungen und Aggressionen.

6) *Tanzen:* Mit dem ganzen Körper zu flotter Musik deiner Wahl (s. Musikempfehlungen) ca. 30 Min. ekstatisch tanzen. Eine spielerische und gesunde Art, die Körperenergie zum Fließen zu bringen.

7) *Die goldene Lichtschnur:* Nach intensivem Schütteln oder Tanzen plötzlich wie eingefroren stehenbleiben. Die Energie beobachten. Sich vorstellen, daß eine goldene Lichtschnur durch das Rückgrat geht. Sich daran aufrichten. Die Goldschnur in den Boden und in

den Himmel wachsen sehen. Erst aus dem Boden das Feuer der Erde, dann aus dem Himmel einen Regen aus Licht durch eine Lichtschnur einströmen lassen. Sich vorstellen, wie sich diese Energien im Körper mischen und das Feuer des Lebens in dir anfachen.

8) *Gegen die Decke treten:* Auf dem Rücken liegend die Beine zur Decke strecken und kräftig ausschütteln, bzw. mit den Beinen gegen die Decke »treten« (mindestens 3 Minuten durchhalten). Danach im Liegen schöne Musik hören, die Augen schließen, sich gedanklich in eine schöne Landschaft versetzen, genießen und entspannen.

9) *Eine Gehmeditation machen:* Ganz bewußt gehen, dabei sich die Lichtschnur vorstellen (s.o.). Sich geistig eine Krone aufsetzen und sie auf dem Haupt spüren. Hinfühlen, wie sich der Fuß beim Gehen anfühlt. Tritt er mehr innen oder mehr außen auf? Treten beide Füße gleich fest auf? Beobachten, was die Unterschenkel, Knie, Oberschenkel, das Gesäß, die Hüfte, die Brust, die Arme, der Kopf beim Gehen machen. Dann die Sinne einzeln an- und ausschalten: Zuerst die Aufmerksamkeit auf das äußere Sehen (Farben plastisch, Geräusche und Empfindungen gleichgültig), dann auf das äußere Hören (Farben gleichgültig, alle Geräusche ganz deutlich), dann nur auf das äußere Fühlen (Hören und Sehen gleichgültig, alle Berührungen mit der Haut ganz intensiv), dann nur die »inneren« Sinne (alles außen völlig gleichgültig, du beobachtest nur, was du »innen« hörst, siehst, fühlst). Immer langsamer gehen, dann sich in Zeitlupe so langsam fortbewegen, als wenn du durch Milch und Honig gehst. Dabei ein Gefühl der Ekstase und Dankbarkeit aufsteigen spüren.

10) *Stimme frei für jedermann!* – eine amüsante Gesangs-, Stimm- und Redeschulung mit der Künstlerin Ascentia inclusive Trainingskassette (Anmeldung bei E. Amman, Peralohstraße 64, 8000 München 83)

Quellenverzeichnis zu den Gleichnissen Seite

Heimstudienteil – Verzeichnis der Arbeitsblätter

Ich bin, wie ich bin

Ich bin, wie ich bin.
Ich bin meine spezielle Schöpfung.
So komm, schau in mich rein,
gib mir *eins auf die Hucke* oder die Ovation.
Es ist *meine* Welt,
auf die ich ein bißchen stolz sein möchte,
meine Welt,
und es gibt nichts, was ich zu verstecken hätte.
Das Leben ist sinnlos und leer,
solange du nicht sagen kannst:
Ich bin, wie ich bin.

Ich bin, wie ich bin.
Ich will keinen Preis, ich will kein Mitleid.
Ich leb, wie ich will,
einige denken, es ist unerhört, ich denke, es ist klasse.
Und warum nicht?
Ich liebe jede Feder an mir und auch jeden Glimmer.
Warum nicht versuchen, Dinge einmal anders zu sehen?
Dein Leben ist nur Schein,
solange du nicht schreien kannst:
Ich bin, wie ich bin.

Ich bin, wie ich bin,
und wie ich bin, brauche keine Entschuldigung.
Ich bin mein eigenes Spiel,
mal bin ich alles und mal bin ich nichts.
Dies ist mein Leben,
und es gibt kein Zurück und auch kein Horten.
Dies ist mein Leben,
und es ist Zeit, die Verstecke zu öffnen.
Das Leben ist sinnlos und leer,
solange du nicht sagen kannst:
Ich bin, wie ich bin.

Ich bin, ich bin gut.
Ich bin, ich bin stark.
Ich bin, ich bin wertvoll.
Ich bin es, dem ich gehöre.
Ich bin, ich bin wichtig.
Ich bin, ich bin wahr.
Ich bin, ich bin wer.
Ich bin, ich bin eine gute Neuigkeit.
Ja. Ich bin, wie ich bin.

Shakti Gawain

LÄNGST EIN KULTBUCH

„Wenn wir erst einmal akzeptiert haben, daß es eine höhere Kraft des Universums gibt, dann taucht zwangsläufig die Frage auf, wie wir mit dieser Kraft in Berührung kommen können. Und wenn es eine höhere Intelligenz gibt, die über mehr Wissen und Weisheit verfügt, als wir normalerweise kennen, dann sollten wir in der Lage sein, uns dieser Führung anzuvertrauen. In dieser chaotischen Welt kann sie uns helfen, ein positives Leben zu führen. Zu dieser Erkenntnis gelangte ich vor einigen Jahren, als meine Reise ins Licht begann. Ich habe seitdem herausgefunden, daß wir mit Hilfe unserer Intuition diese innere Wissensquelle erschließen können. Indem wir lernen, unserer Intuition zu folgen, stellen wir eine direkte Verbindung zur höheren Kraft des Universums her und ermöglichen ihr, uns zu führen und zu leiten. Diese Lebenseinstellung steht im völligen Gegensatz zu dem, was uns in der alten Welt gelehrt wurde. In unserer westlichen Zivilisation haben wir gelernt, einzig auf den logischen und rationellen Teil unseres Wesens zu bauen. Die Intuition hingegen wurde geleugnet und unterdrückt."

Dieses Zitat aus ihrem Buch „Leben im Licht", es ist der Beginn des dritten Kapitels, kann man getrost als das Glaubensbekenntnis von Shakti Gawain bezeichnen – es ist zugleich der Ausgangspunkt für ihre Betrachtungen und Beobachtungen, die sich zu Quelle und Weg zu einem neuen Bewußtsein summieren.

In Amerika wurde das Buch, das im Jahr 1986 erschienen ist, innerhalb der ersten Wochen in 130 000 Exemplaren verkauft. Damit hatte Shakti Gawain nach „Kreatives Visualisieren", einem Klassiker seines Genres, von dem allein in Amerika über eine halbe Million Exemplare abgesetzt wurden und das in fünf europäische Sprachen übersetzt wurde, einen weiteren Bestseller gelandet.

In der Bundesrepublik setzt sich „Leben im Licht", fast zum Kultbuch geworden, mittels Mundpropaganda durch, vor allem bei Künstlern. Die Schauspielerin Ruth Maria Kubitschek beispielsweise urteilte über das Buch: „In ‚Leben im Licht' erfährt man, was es mit der wahren Intuition auf unserem inneren Weg auf sich hat. Wir alle müssen lernen, noch mehr auf unsere innere Stimme zu hören." Und der Komiker Georg Thomalla schreibt: „Ich bin von dem Buch deshalb so angetan, weil es angewandte Lebenskunst auf so klare und einleuchtende Weise beschreibt." „Die Prinzipien in diesem Buch", so die Zeitschrift „Psychic Guide" in einer Besprechung, „sind eine Herausforderung an einige unserer Grundüberzeugungen über uns und unsere Welt ."

LEBEN IM LICHT
Quelle und Weg zu einem neuen Bewußtsein

SHAKTI GAWAIN

PE

249 S.   ISBN 3-8138-0070-9

Erhältlich in Ihrer Buchhandlung.
Bitte verlangen Sie das kostenlose, 32-seitige Gesamtverzeichnis
«Neue Wege» direkt beim Verlag.

**PETER ERD Verlag · Postfach 75 09 80,
8000 München 75 · Telefon (0 89) 7 25 30 04**

Penny McLean

EINE MEDIALE BEGABUNG

218 S.   ISBN 3-8138-0049-0

159 S.   ISBN 3-8138-0139-X

Wenn ein weltbekannter Popstar einen außergewöhnlichen Roman veröffentlicht, dann ist das natürlich für die Medien ein Ereignis, an dem sie nicht vorübergehen können. Das war der Fall bei Penny McLean und ihrem ersten Buch, dem esoterischen Roman „Adeline und die Vierte Dimension". Und auch die Buchpremiere fand große Beachtung, wie die Namen der illustren Gäste bewiesen. Zitat aus einem der zahlreichen Presseberichte:

Sie hat etwas Geheimnisvolles an sich. Penny McLean, einst gefeierte Sängerin – 18 Millionen Platten hat sie verkauft – ist langst aus der Haifischbranche ausgestiegen. Seit Jahren lebt sie zurückgezogen in München. Widmet sich ausschließlich ihrer größten Begabung: ihren medialen Fähigkeiten. Deswegen geheimnisvoll.
Jetzt hat Penny McLean ihr erstes Buch geschrieben. **„Adeline und die Vierte Dimension"** heißt das 218 Seiten starke Werk.
Für Neugierige soviel zum Inhalt: Eine Witwe begegnet bei einem Friedhofsbesuch einem jungen Mann, der auf einer Mauer sitzt. Sekunden später ist er verschwunden, und sie sieht an der Stelle, an der er gesessen war, keinerlei Spuren im nassen Moos. Diese Begegnung mit einem Verstorbenen verwickelt die alte Dame immer mehr in eine

spannende Geschichte über Kontakte zwischen Lebenden und Menschen der Vierten Dimension.
Der Roman ist eine Geschichte über Betrug und Unterschlagung ebenso wie eine esoterische mit Astralreisen, Seancen, mit Karma und Wiedergeburt. Er soll zeigen, wie sich die irdische und die Vierte Dimension gegenseitig durchdringen können.
„Das Buch ist so einfach geschrieben, daß es wirklich jeder begreifen kann", sagt Penny McLean.

Top Magazin, München

Inzwischen ist ihr zweites Buch erschienen. **„Kontakte mit Deinem Schutzgeist".**

Der Schutzengel ist sprichwörtlich – man kennt ihn aus der Bibel, aus Märchen, aus unseren Träumen. Penny McLean hat bereits in ihrer frühen Jugend spirituelle Erfahrungen gemacht. Im Laufe des Lebens entdeckte sie ihr mediales Talent mehr und mehr. Sie hatte oft Begegnungen transzendentaler Art – Erlebnisse mit Verstorbenen (die sie in ihrem Buch „Adeline und die Vierte Dimension" in Romanform verarbeitet hat) und ihren Schutzgeistern. In ihrem Buch **Kontakte mit Deinem Schutzgeist** setzt sie sich mit diesem Phänomen auseinander und führt den Leser ein in die hohe Kunst der Kommunikation mit den Schutzengeln über Träume, Imaginationen und andere Wege.